缤纷以色列

主　编 孟振华　副主编 胡　浩　艾仁贵

以色列大学教育

矫淙旭 著

南京大学出版社

图书在版编目（CIP）数据

以色列大学教育 / 矫滢旭著 . -- 南京 : 南京大学
出版社 , 2023.9
（缤纷以色列 / 孟振华主编）
ISBN 978-7-305-25318-8

Ⅰ . ①以… Ⅱ . ①矫… Ⅲ . ①高等教育 – 概况 – 以色
列 Ⅳ . ① G649.382

中国版本图书馆 CIP 数据核字（2022）第 001308 号

出 版 者　南京大学出版社
社　　 址　南京市汉口路22号　　邮　编　210093
出 版 人　王文军

丛 书 名　缤纷以色列
丛书主编　孟振华
书　　 名　以色列大学教育
著　　 者　矫滢旭
责任编辑　田　甜　　编辑热线　025-83593947

照　　 排　南京新华丰制版有限公司
印　　 刷　南京爱德印刷有限公司
开　　 本　880mm×1230mm　1/32　印张3.875　字数116千
版　　 次　2023年9月第1版　2023年9月第1次印刷
ISBN　978-7-305-25318-8
定　　 价　40.00元

网址：http://www.njupco.com
官方微博：http://weibo.com/njupco
官方微信号：njupress
销售咨询热线：（025）83594756

总 序

　　以色列国是一个充满奇迹的地方。早在两千多年前，犹太人的祖先就在这里孕育出深邃的思想，写下了不朽的经典，创造了璀璨的文明，影响了整个西方世界。在经历了两千年漫长的流散之后，犹太人又回到故土，建立起一个崭新的现代国家。他们不仅复兴了民族的语言和文化传统，更以积极的态度参与和引领着现代化的潮流，在诸多领域都取得了足以傲视全球的骄人成绩。

　　中犹两个民族具有诸多共同点，历史上便曾结下深厚的友谊。中国和以色列建交已30年，两国人民之间的交往也日益密切和频繁，各个领域的合作前景乐观而广阔。赴以色列学习、工作或旅行的中国人越来越多，他们或流连于其旖旎的自然风光，或醉心于其深厚的文化底蕴，或折服于其发达的科技成就。近年来中文世界关于以色列的书籍和网络资讯更是层出不穷，大大拓宽了人们的视野。

　　不过，对于很多中国人来说，这个位于亚洲大陆另一端的小国仍然是神秘而陌生的。即使是去过以色列，或与其国民打过不少交道的人，所了解的往往也只是一些碎片信息，不同的人对于同一问题的印象和看法常常会大相径庭。以色列位于东西方交汇点的特殊位置和犹太人流散世界各地的经历为这个国家带来了显著的多元性，而它充沛的活力又使得整个国家始终处在动态的发展之中。因此，恐怕很难用简单的语言和图片准确地勾勒以色列的全景。尽管如此，若我们搜集到足够丰富的碎片信息，并能加以综合，往往便会获得新的发现——这正如转动万花筒，当碎片发生新的组合时，就会产生无穷的新图案和新花样，而我们就将看到一个更加缤纷多彩的以色列。

作为中国高校中率先成立的犹太和以色列研究机构，南京大学犹太和以色列研究所携手南京大学出版社，特地组织和邀请了多位作者，共同编写这套题为《缤纷以色列》的丛书，作为中以建交 30 周年的献礼。丛书的作者中既有专研犹太问题的顶尖学者，也有与以色列交流多年的业界精英；既有成名多年的资深教授，也有前途无量的青年才俊。每位作者选择自己熟悉和感兴趣的专题撰写文稿，并配上与内容相关的图片，用图文并茂的形式呈现给读者，力求做到内容准确，通俗易懂，深入浅出，简明实用。也许，每本书都只能提供几块关于以色列的碎片，但当我们在这套丛书内外积累了足够多的碎片，再归纳和总结的时候，就算仍然难以勾勒这个国家的全景，也一定会发现一个崭新的世界。

孟振华

2021 年 3 月谨识

前　言

　　有人说这世界上最棒的教育在美国，因为美国有哈佛、耶鲁、普林斯顿，培养了众多的诺贝尔奖获得者；也有人说这世界上最棒的教育在英国，因为英国有剑桥、牛津和莎士比亚。然而还有不少的人认为，世界上最棒的教育在以色列。

　　以色列国土面积虽不大，自然资源也较少，但是教育成就了这个国家，让其成为世界瞩目的经济、科技和军事强国。犹太人虽然只占世界人口的千分之二，却包揽了近三分之一的诺贝尔奖。以色列对于科研经费的投入、创新科技的投资无人能及，这个国家有近4000家高科技公司，仅列美国之后。在受教育程度方面，每10万以色列人中就有2769人是大学生，这一比例仅低于美国和加拿大，居世界前列。当然，以色列能成为发达国家中的佼佼者主要归功于其崛起的大学教育和先进的办学理念。

　　以色列大学教育的成功从本质上讲，与其独特的民族文化不无关系。犹太民族本身就是一个懂教育、会教育的民族。数千年来的流散生活让犹太人形成了热爱学习、尊重知识、重视教育的良好传统。大部分犹太人对于学习的态度是主动且热情的，没有功利性。他们不会为了任何外界的诱导而学习，只是单纯地享受从书籍中汲取知识的快乐，享受知识带给他们的愉悦。在他们看来，勤奋学习也是仅次于敬奉上帝的一种美德，是犹太人的一种神圣使命。在这种文化积淀下，以色列的大学教育自然能够获得成功。当然，除此之外，犹太人的慈善文化对以色列大学的发展也助力不少。在世界上许多国家，大学的创办以及资金来源主要靠政府或宗教机构。但在以色列，除了这两种渠道以外，校友的慷慨捐赠也起到了重要作用。这些校友大多是活跃在各个行业的精英人才，他们在学校学习时勤勉用功，以校为家，即使毕业很多年，也依然会和母校保持一定的联系。一旦母校有需要，这些事业有成的校友们会为其捐款捐物，为培养学生贡献出自己的一份力量。

　　总而言之，以色列的大学教育值得我们去了解、去思考。本书分别从以色列大学的历史和起源、机制和管理，以及特色教育和国际化教育等不同的角度入手，选取了关于以色列大学教育的十二个话题，以期能够带领读者领略以色列大学教育的魅力，并从中窥探其背后深深根植的犹太文化。目前，中以两国建交已逾三十载，历经三十年的风雨，中以两国人民建立了深厚的友谊，中国人民渴望了解以色列、了解犹太民族，希望本书能够像一枚小小的石子，在中以两国文化交往的汪洋大海中泛起一些涟漪！

目 录

前世和今生：从教会大学到以色列大学

　　建立犹太大学的想法可以追溯到 1466 年，当时西西里岛的犹太社区向国王约翰二世提出申请，请求建立犹太人的大学，但是国王并不认真对待此事，他们的想法也就一直搁置。到了 1604 年，意大利的犹太大拉比普罗文科尼和他的儿子一起创办了一所犹太教会大学，这所大学虽然是一所宗教学校，但也教授世俗课程，所以，从一定意义上说，这是犹太人历史上最早的大学。

　　在随后的几个世纪里，让·雅克·卢梭（Jean-Jacques Rousseau）提出了建立近代犹太大学的构想，卢梭在他的作品中写道："犹太大学一定会成为犹太国家的一部分，一旦他们有一个自由的联邦，他们就会有自己的学校和大学。"卢梭的这些想法在当时并没有引起犹太人的关注，一直到 19 世纪下半叶，一批犹太精英人士才纷纷提出建立犹太大学的设想，其中来自英国的《犹太人纪事报》（Jewish Chronicle）的主编贝尼施（A. Benisch）和毕业于俄国大学的孟德尔斯坦博士（Dr. Mendelstein）都提出了在耶路撒冷建立大学的想法，贝尼施将此举看作提高亚洲形象的一项重要举措，而孟德尔斯坦博士更是一度声明要将其出版的诗集收入全部用于大学的建设。

　　与此同时，犹太复国主义运动先驱赫尔曼·兹维·沙皮拉（Hermann Zvi Shapira）也提出了建立犹太大学的想法。他认为在耶路撒冷建立一所犹太大学是犹太人重返迦南地的必由之路，此举不仅可以传承古老的犹太文明，还能够将犹太文化发扬光大。只不过，鉴于当时的特殊形势，他觉得德语比希伯来语更适合作为基本的教学用语，但希伯来语还是要尽可能地普及。在 1897 年的犹太复国主义大会上，沙皮拉提出了自己的设想，但遗憾的是，其设想还未实现本人就病故了。

　　20 世纪初，在耶路撒冷建立犹太大学的活动持续开展。当时的犹太复国主义者们普遍认为，科学和学术进步是一种自主的价值观，也是社会和人民存在的目标之一，所以新的科学知识和文化知识必将满足社会经济的发展需要以及个人教育的需要。犹太人认为他们是一个有学问的民族，自公元 70 年第二圣殿被摧毁以来，犹太人的民族性通过培养和坚持塔木德传统与学问得以维持。所以在犹太人民价值观的层次结构中，复兴希伯来语和犹太文化非常重要。希伯来语主要是一种宗教仪式的语言，在犹太人流散时期随着国家的覆灭而消失，直到以色列建国之后才被重新恢复使用，所以复兴包括希伯来语在内的犹太文化被当时的犹太复国主义的代表人物阿哈德·哈姆（Ahad

希伯来语版《托拉》，图片提供者：Sander Crombach

Ha'am）作为犹太复国纲领的重中之重。然而，并不是所有的人都接受阿哈德·哈姆的观点，许多人只想拥有一个成熟的国家实体，他们对精神文化的复兴不感兴趣。但即便如此，文化复兴方案还是在世界犹太人大会上得到了通过，并成为一项政治方案，该方案的重点内容就是在耶路撒冷建立一所复兴希伯来文化的大学。这个想法首先由海德堡的数学教授夏皮拉提出，随后马丁·布伯（Martin Buber）、伯特霍尔德·费威尔（Berthold Favell）、查姆·魏兹曼（Chaim Weizmann）、以色列·亚伯拉罕斯博士（Dr. Israel Abrahams）等各界犹太名流也相继提出建立大学的想法。

在 1901 年的犹太复国主义大会上，魏兹曼表示，在耶路撒冷创办大学是目前复国运动的当务之急，因为大学的建立不仅可以帮助重返巴勒斯坦地区的犹太人获取文化和科学技术，而且可以帮助恢复巴勒斯坦地区的经济。1902 年 7 月，魏兹曼和来自维也纳的哲学家马丁·布伯以及来自柏林的记者索尔德·费韦尔（Soild Fewell）共同编写了一本小册子——《大学》，他们呼吁建立一所犹太大学，以促进

耶路撒冷金顶清真寺，图片提供者：Raimond Klavins

巴勒斯坦犹太社区的文化和技术发展，他们的小册子后来被视为希伯来大学（Hebrew University of Jerusalem）的创始文件。当时巴勒斯坦地区的犹太人口不到 5 万人，建立大学的提议是有远见的。经过一系列的努力，魏兹曼等人的提议于 1903 年在犹太复国主义大会上获得了通过，大会决定委托魏兹曼在耶路撒冷建立犹太大学，并且成立了大学基金会，向全世界的犹太人募集筹建大学的资金。

按照魏兹曼的设想，犹太人的大学应当以犹太文化和道德为教育基础，应该首先开办法律、医学、哲学和希伯来语等专业，使耶路撒冷成为世界文化的中心。因此创始于 1918 年、落成于 1924 年的希伯来大学的主要任务就是促进希伯来文化的发展以及科学技术的进步，它的目标是成为世界犹太文化、科学和学术的中心。

以色列大学的产生还与世俗的犹太复国主义目的有关，旨在提高整个国家的物质生活水平。于是，以色列理工学院（Israel Institute of Technology）应运而生，1925 年爱因斯坦来到该校，学校正式举行开学仪式。那时候，他们仿照德国的教育模式，培训工程师和建筑师这两类人才。这所学校被认为是当时世界上最好的技术类院校，绝大多数教师都是在德国、奥地利、瑞士和捷克等国的大学或技术学院或其他遵循"德国模式"的中欧或东欧高等教育机构接受培训的。"德国模式"的影响是如此之大，以至于在 1913 年制订建立以色列理工学院的计划时，有人提出把教学语言设为德语，但遭到了学校老师和学生们的坚决反对，最终这一想法没有实现。

1934 年，丹尼尔·西夫研究所（Daniel Schiff Institute）宣告成立，这就是后来的魏兹曼科学研究院（Weizmann Institute of Science）。这些早期的犹太大学在巴勒斯坦地区先后建立，开创了以色列高等教育的先河。

值得一提的是，以色列建国初期，受外部环境因素影响，能够进入大学学习的人口数量很少。然而，随着大量移民的到来以及政府对高等教育的高度支持，以色列的高等教育在 20 世纪 50 年代到 60 年代得到了飞速发展，进入了快车道。除了已经建立的希伯来大学、以色列理工学院和魏兹曼科学研究院，这一时期又新增了特拉维夫大学

（Tel Aviv University）、海法大学（University of Haifa）、巴伊兰大学（Bar-llan University）和本－古里安大学（Ben-Gurion University of the Negev）等多个极富潜力的高等教育院校。

到了 20 世纪 70 年代，为了满足大量移民者的学习需求，针对社会人员开办的公开大学也应运而生，在一些地区，技术学院以及教师培训学院等各类院校也如雨后春笋般纷纷建立，以色列的国民教育水平也得到了质的飞跃。

研究型大学：历史不长，名气不小

以色列的高等教育院校分四个类型，分别是研究型大学、地区师范学院、专业与职业教育学院以及外国大学。以色列《高等教育委员会法》将以色列理工学院、希伯来大学、魏兹曼科学研究院、特拉维夫大学、巴伊兰大学、海法大学以及本－古里安大学认定为研究型大学，可以授予学士、硕士和博士学位，还可以接纳博士后流动人员和国外的访问学者。这七所大学虽然历史不长，但都是世界公认的一流大学，在国际竞争力方面，可以说丝毫不逊于欧美名牌高校。

以色列的"麻省理工"：以色列理工学院

以色列理工学院是成立于 1912 年的一所公立研究型大学，位于以色列海法市，是以色列历史最悠久的大学之一。学院由德国犹太人基金会在 20 世纪初出资成立，最早为工程与科学学院，是当时除比撒列艺术和设计学院（位于耶路撒冷，成立于 1907 年）外，奥斯曼帝国统治下的巴勒斯坦地区唯一的高等学府。学院于 1912 年建成，12 年后的 1924 年开始招收第一批学生。以色列理工学院见证了以色列的"语言之战"，即有关以何种语言作为教学语言的全国性大讨论。

以色列理工学院（以下简称"以色列理工"）享有"以色列的麻

省理工"之美誉，与美国麻省理工学院和英国帝国理工学院齐名。爱因斯坦曾任学校协会的首任主席。该校设有科学、工程学、建筑、医药、工业管理、教育等相关学科，拥有 18 个院系、52 个研究中心。学校现有教职人员 575 人，另外还有不少访问学者以及 400 多名海外研究生，他们为学校营造了良好的国际氛围。

学院下设 40 个科研机构和 9 个跨学科的实验室。以色列理工还是全世界五所能够培养出参与卫星设计、制造和发射的学生的高等院校之一，以色列的大学中 70% 的工程专业教师来自以色列理工。该校累计授予超过 100 000 个学位，其毕业生在科技和教育方面为成立和捍卫以色列国做出了卓越贡献。以色列理工学院的教学人员中有 3 位

以色列理工学院校园景色，图片提供者：Yousef Espanioly

曾获诺贝尔化学奖，另有 4 位诺贝尔奖得主也曾与该学院有合作关系。前任校长佩雷兹·拉维（Peretz Lavie）教授曾在 2012 年被以色列国家媒体评为以色列最具影响力的 100 位人物之一。

以色列理工学院最初只有位于海法市的一个校区，后来逐渐发展到四个校区，分别是海法主校区，特拉维夫校区，美国的纽约校区以及中国的广东校区。

海法校区是以色列理工学院的主校区，培养了大量的优秀学生，也有丰富的文体活动，比如，热爱音乐的学生可以加入以色列理工学院交响乐合唱团一展自己的才华。除此之外，海法主校区建有许多国家级别的运动场馆，比如游泳馆、网球馆和体育馆。

特拉维夫校区建立了以管理学学科为主的许多优秀学科，其中最突出的当属以国际工商管理课程，这是世界经济精品课程。许多客座教授在此开设讲座，世界各地来此求学的学生络绎不绝，比如伦敦商学院和欧洲工商管理学院的师生常常慕名而来。

位于海外的校区是美国纽约校区和中国广东校区。美国纽约校区的特色学科是应用科学和工程学，该校区后来取名为雅各布康奈尔大学 - 以色列理工学院创新研究院（JTCII），开创了以色列在国外办学的优秀范例。中国广东校区，又称广东以色列理工学院，该校区地址在广东汕头，紧邻汕头大学，建立了许多优秀的学科，尤其以生命科学课程为代表，是中以合作的新纪元。

据统计，以色列高科技公司的创始人和经理人中，有 70% 以上毕业于以色列理工学院。以色列纳斯达克上市公司的创始人和一把手中，68% 毕业于以色列理工学院；以色列电子行业的经理人中，74% 持有以色列理工学院学位。《工业国家》一书中，夏罗默·麦特尔（Shlomo Maital）、阿穆农·弗兰克尔（Amnon Frenkel）和伊拉纳·德巴尔（Ilana DeBare）记录了以色列理工学院校友为现代以色列国做出的巨大贡献。

在最新的 2021 年 QS 世界大学排名中，以色列理工学院排名世界第 330 名，为世界五百强的高校之一。在 2020 年的《泰晤士报高等教育》（*Times Higher Education*）中，该校排名世界第 401 ~ 500 名。在《美国新闻与世界报道》（*US News & World Report*）排名中，该校世界排名第 264 名，其国内排名第 4 名。在上海交通大学高等教育研究院世界一流大学研究中心发布的软科世界大学学术排名（ARWR）中，该校排第 101 名，是国际上颇具影响力的高等院校。

中东的"哈佛"：希伯来大学

希伯来大学是以色列第二古老的大学，成立于以色列建国前 30 年的 1918 年。希伯来大学总共拥有四个校区，其中三个位于耶路撒冷，还有一个位于雷霍沃特。另外，希伯来大学还有世界上最大的犹太研究图书馆——以色列国家图书馆。

目前，希伯来大学拥有 315 个学术系、100 多个研究中心和 5 家附属教学医院。截至 2020 年，以色列所有博士候选人中有三分之一在希伯来大学学习。

希伯来大学灯塔与观礼台，图片提供者：刘洪洁

希伯来大学的首届学术委员会成员包括著名物理学家爱因斯坦（Albert Einstein），心理学家弗洛伊德（Sigmund Freud），哲学家马丁·布伯和化学家查姆·魏兹曼等世界名人。截至 2020 年，该大学已培养了 15 位诺贝尔奖获得者、2 位菲尔兹奖得主和 3 位图灵奖获得者和 4 位以色列总理。

希伯来大学的建校史与犹太复国主义运动有很深的渊源，来自德国海德堡大学的数学家赫曼·夏皮拉教授最早就提出要创办一所犹太人自己的大学，他明确指出，这所大学有三个主要目标：第一，要将其建成具有国际声誉的高等学府；第二，要为犹太人国家的创建与发展发挥重要作用；第三，要将其建成一所犹太人的大学。

该大学的基石于 1918 年 7 月 24 日奠基。七年后的 1925 年 4 月 1 日，在斯科普斯山的希伯来大学校园举行了盛大的庆祝仪式，犹太世界的领导人、杰出的学者和公众人物以及英国贵宾，包括贝尔福伯爵（Sir Gerald William Balfour）、阿伦比子爵（Viscount Allenby）和赫伯特·塞缪尔爵士（Herbert Louis Samuel）都参加了该仪式。学校的第一任校长是犹大·马格尼斯（Judah Magnes），他在 1924 年至 1935 年期间担任学校校长。希伯来大学于 1931 年向其 13 名毕业生授予它有史以来第一批文学硕士学位，并于 1936 年开始授予博士学位。

在希伯来大学创建的最初岁月里，办学条件相当艰苦，设备不足，但是学校的科学家们还是想方设法开展科学研究，其研究领域主要涉及植物群、动物群、以色列的地质地理及地方疾病防治等。

希伯来大学刚成立时仅有 33 名教员和百名学生，甚至不能称其为一个"大学"，充其量是一个专门性的研究机构。一年之后，希伯来大学成立了巴勒斯坦自然史研究所和卫生学系，犹太人国家及大学图书馆也成为希伯来大学的一部分，这才逐渐发展起来。在以色列建国前夕，欧洲反犹主义泛滥，许多教授和学生在欧洲遭到驱逐，这些犹太师生无可奈何，只好从欧洲转而来到以色列希伯来大学为其注入新鲜血液。到了建国前的一年，由于这些知识分子的加入，希伯来大学已成长为一所综合性大学，不仅科研人员体系多样化，教学设施也非常完备，逐渐发展为犹太人的学术性研究中心。希伯来大学经过数年发展，展现出文理兼备的综合性特点，不仅有以人文科学学院为主的传统文科科学体系，也有自然科学学院和医学学院等理工科科学体系。在这个基础上，到了1947年，学生人数已达千人。

不幸的是，在1948年的阿以战争期间，阿拉伯军队袭击了在以色列控制下的耶路撒冷地区和斯科普山校区之间的流动车队。哈达萨医疗车队遭到了大屠杀，包括医生和护士在内的79名犹太人被残忍杀害，斯科普斯山校区与耶路撒冷的联系被切断。此时，耶路撒冷阿拉伯军队的领导人阿卜杜勒·卡德·侯赛尼（Abdul Qadir al-Husseini）威胁说，"如果犹太人继续出现在该地区，他们将会付出宝贵的生命"。

1953年本杰明·马扎尔（Benjamin Mazar）任校长，当时的约旦政府拒绝以色列进入斯科普斯山，本杰明·马扎尔决定在耶路撒冷西部的吉瓦特拉姆（Givat Ram）修建一个新校区，新校区于1958年完工。在此期间，学生们在该市周围40座不同的建筑中上课。1962年，埃利亚胡·埃拉特（Eliahu Eilat）担任校长。在他的筹措下，最终与哈达萨医疗组织一起在耶路撒冷西南的艾因凯雷姆社区建立了医学科学校区。

到1967年初，希伯来大学的学生人数达到12500人，分布在耶路撒冷的两个校区和雷霍沃特的农业学院。1967年6月的"六日战争"之后，耶路撒冷统一，大学得以返回重建的斯科普斯山。1981年，建筑工作完成，斯科普斯山再次成为希伯来大学的主校区，其包含耶路撒冷工商管理学院（Jerusalem School of Business Administration），贝尔瓦尔德社会工作学院（Belwald School of Social Work），哈里·杜鲁门和平促进研究所（Harry Truman Institute for the Advancement of Peace），罗斯伯格国际学校（Rosberg International School）和曼德尔犹太人研究所（Mandel Institute for Jewish Studies）。

2017年，希伯来大学建立了大麻研究中心（Cannabis Research Center），旨在"进行并协调对大麻及其生物学效应的研究并着眼于商业应用"。

根据世界大学的学术排名，希伯来大学一直是以色列排名第一的大学。2020年，希伯来大学在世界大学中位居第177位，希伯来大学的数学专业是以色列公认的最好的专业，其数学专业在 2020 年世界大学数学专业中可以排到第 25 位。

此外，希伯来大学拥有覆盖 25 个以上国家的国际友人协会组织。比较典型的有希伯来大学的美国之友（AFHU）和希伯来大学的加拿大之友（CFHU）。希伯来大学的美国之友（AFHU）由美国慈善家费利克斯·沃伯格（Felix M. Warburg）于 1925 年创立，在创始人费利克斯·沃伯格的支持下，促进美国与以色列之间的学术和人文交流。2007 年，以伊兰·拉赞（Eran Razin）为首，成立了弗洛尔斯海默政策研究所（Floersheimer Institute for Policy Studies），对有关以色列社会、文化和科技等领域进行研究。加拿大之友（CFHU）由加拿大慈善家艾伦·布朗夫曼（Allan Bronfman）于 1944 年成立，旨在提高人们对希伯来大学的认识和财务支持。加拿大之友促进了加拿大和以色列之间的学术交流和研究合作，并专门设立了奖学金，支持加拿大的学生来希伯来大学就读。目前加拿大之友在蒙特利尔、渥太华、多伦多、温尼伯、埃德蒙顿、卡尔加里和温哥华都设有分会。

学术界最佳工作地点：魏兹曼科学研究院

魏兹曼科学研究院（Weizmann Institute of Science）是世界领先的自然科学和精密科学多学科基础研究机构之一，也是著名的多学科研究中心之一。它位于以色列特拉维夫南部的雷霍沃特。它最初是由以色列·西夫（Israel Sieff）和丽贝卡·西夫（Rebecca Sieff）于1934 年为纪念他们的儿子丹尼尔而建立的丹尼尔·西夫研究所（Daniel Sieff Research Institute）。

为纪念魏兹曼，该研究所于 1949 年更名为魏兹曼科学研究院。魏兹曼是一位著名的化学家和热心的犹太复国主义者，他一生的愿景就是看到在以色列土地上建立一个犹太国家和一个以色列高等教育学府。在曼彻斯特大学（University of Manchester）担任讲师期间，魏兹曼开发了通过细菌发酵生产丙酮的工艺，这在第一次世界大战期间对英国非常重要。他与亚瑟·詹姆斯·贝尔福勋爵（Lord Arthur James

研究院内的实验室，图片提供者：Ousa Chea

Balfour）一起撰写了《贝尔福宣言》（Balfour Declaration），支持以色列国的建立，并会见了美国前总统杜鲁门，说服他支持以色列国的建立。魏兹曼成为以色列国的第一任总统。他在魏兹曼学院校园内的住所现在是博物馆和国家地标。

魏兹曼科学研究院现有 6 个院系，分别是生命科学院、化学学院、数学与计算机学院、物理学院、科学教育系和科学考古中心，共有生物、生物化学、化学、物理以及数学与计算机 5 个学科，18 个门类，800 个基础和应用研究项目，有约 2500 位科学家、博士后研究员、哲学博士生及理学硕士生以及负责科学、技术和行政事务的职员从事近千项研究。

魏兹曼科学研究院非常重视在学校和公众中推进科学教育。各项教育活动的召开主要由戴维森科学教育研究所（魏兹曼研究所的教育机构）推动。魏兹曼学院和戴维森科学教育研究所（Davidson Institute for Science Education）不仅培养了数千名科学和数学教师，举办具有国际竞争力的夏季科学营和锦标赛，而且为学生和公众提供各种节目，包括国际知名的克洛尔科学花园。2011 年，魏兹曼科学研究院被《科学家》（*The Scientist*）杂志评为非美国院校中学术界最佳工作地点。

规模最大的大学：特拉维夫大学

特拉维夫大学，简称为 TAU，是位于特拉维夫的一所国立大学，建于 1955 年，是目前为止以色列规模最大的大学之一。特拉维夫大学拥有大量的师生人才后备资源，包括三万名学生、九所学院，下属学科达到一百多个。作为以色列规模最大的大学之一，特拉维夫大学设有多门学科，不仅拥有人文学科，更拥有完备的自然科学和社会科学等专业体系。特拉维夫大学还成立了多个走在学术前沿的研究中心，除了从事能源、纳米、医疗和基础技术等研究，还有一些特色的国际课程，与世界教育前沿接轨。

特拉维夫大学是在有远大抱负的先驱们的不懈努力下诞生的，这些人预见了以色列的快速发展以及对大学教育的需求。在 20 世纪 30 年代，当时的特拉维夫市长梅尔·迪岑哥夫（Meir Dizengoff）提出了在特拉维夫建立大学的想法。在他的努力下，在英国授权时期开设了特拉维夫生物学院和特拉维夫经济学院两所研究机构。

20 世纪 50 年代，时任市长的哈伊姆·莱文农（Haim Levanon）积极地争取在特拉维夫建立一所综合性大学。尽管有反对者，但这个想法最终在 1953 年 8 月 16 日得以实现，并由海因里希·门德尔松（Heinrich Mendelssohn）教授全权负责落实，门德尔松将当时的三所研究机构——特拉维夫经济学院、自然科学院、犹太研究中心合并为特拉维夫大学。特拉维夫大学位于特拉维夫南部的阿布卡比尔地区，开学第一年仅有 24 名学生。

1963 年 11 月 3 日，乔治·怀斯成为特拉维夫大学的第一任校长。怀斯是美国和墨西哥的制造商和企业家，一直担任希伯来大学董事会主席。1962 年，列维·埃什科尔（Levi Eshkol）总理和莫迪凯·纳米尔（Mordechai Namir）市长说服了怀斯担任特拉维夫大学的校长，希望他能够在学术和行政层面上促进特拉维夫大学的发展。怀斯也不负

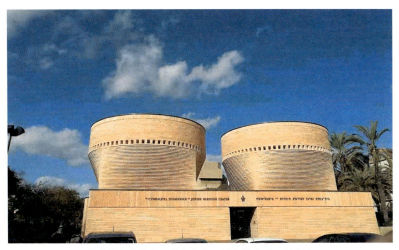

特拉维夫大学内的犹太会堂，图片提供者：刘洪洁

众望，他上任伊始就着手大规模招募优秀的教职人员，并利用个人影响力积极筹款，缓解了当时的财政困难。

在他的带领下，特拉维夫大学不断发展。1964年，怀斯又开始重组特拉维夫大学的管理结构，重新定义校长和院长的职权范围，改组教务委员会，并任命伊扎克·霍夫曼博士（Dr. Itzhak Hoffman）为首任教育总干事。同年，拉马特阿维夫校区也正式投入使用。以色列前总统扎尔曼·沙扎尔（Zalman Shazar）、前总理列维·埃什科尔，以及以色列的教育部长，携各级官员出席了新校区的落成仪式，这是该大学历史上的一个重要里程碑。确实，这标志着一个新时代的开始，特拉维夫大学实现了向成千上万的学生提供高质量教育的目标，成为以色列高等教育机构中的主要参与者。在20世纪70年代初，该大学又开设了两个院系：工程系和艺术系。1972年，特拉维夫大学已经拥有9个学院，约12000名学生。

特拉维夫大学经过数十年的发展，不仅成为以色列高等教育成功的典范，也成为国际认可度较高的大学，在国际教育交流合作方面取得了巨大成就。

特拉维夫大学有个传统，对于外国留学生，学校一般会为他们开设犹太研究特别课程，使用英文授课，讲授传统犹太经典。这些学习犹太经典的留学生，可以申请居住在基布兹。2007年5月，美国曾与以色列开展了一个合作项目，具体内容是建立一个学习外语的机构，地点就设立在特拉维夫大学，专门为来自美国纽约大学的学生提供学习帮助。

特拉维夫大学法学院与密歇根大学、美国西北大学、宾州大学、维吉尼亚大学、康奈尔大学、波士顿大学、天普大学、多伦多大学、汉堡法学院、莫纳什大学、米兰大学、首尔大学等世界多所知名大学备有交换生计划，开办约20项用英语教学的法学课程。

在与中国交流方面，特拉维夫大学也不遗余力，2010年5月，特拉维夫大学与中国山东大学签署校级合作协议，并开展了博士生联合培养、合作科研等项目。

以色列最美大学：巴伊兰大学

巴伊兰大学，又译作巴尔－伊兰大学，缩写BIU，1955年建于拉马特甘，是以色列第二大学术机构。巴伊兰大学拉马特甘校区分为南北两个校区，新建的北校区占地27万平方米，是南校区的两倍。

巴伊兰大学这个校名的由来是为了纪念梅厄·巴伊兰，此人是犹太社会主义共和国的领导人，也是美国米兹拉什运动的前主席。虽然梅厄·巴伊兰出生在传统的犹太家庭，从小就在犹太宗教学校接受教育，但他在德国的留学经历让他触摸到了世俗教育。在美国的米兹拉什运动中，他提议建立一个研究机构，将学术研究与犹太教的法律研究相结合。1950年，作为美国米兹拉什运动的主席，他建议创建一所融合了犹太教育价值的大学。

巴伊兰大学创立于1955年，平克斯·丘尔金（Pinkhos Churgin）教授是第一任校长。创立伊始，巴伊兰大学设置了4个院系，师资力量紧张，只有23名教师，教学设备资源短缺，仅有8间教室，在这种条件下，学生生源也不乐观，大致有90多人。隔年，教学设备资源紧张的状况有所缓解，教学楼建成，学生人数随之增加，约有175人。

观看毕业典礼的学生，图片提供者：Mohammad Shahhosseini

从 1955 年到 1965 年，巴伊兰大学经历了十年的发展，不管是生源情况、师资力量，还是教学设备都有了一定的发展。学生人数约 2000 人，教师人数约 300 人。同时，巴伊兰大学还确定了教学地点，地点设在阿什克伦，这个教学点主要面向周边居民，以便他们接受教育。1967 年，学校发展更进一步，推出首个希伯来语电子数据库，主要内容是对犹太律法的详细解释。1968 年，学校又设置了两个教学点，分别在塞蒙可（Zemach）和采法特（Tzfat）。1969 年，巴伊兰大学正式得到以色列的官方承认。1972 年，耶西瓦研究所（Yeshiva Institute）成立，从事犹太教的高级研究。1977 年，学校开始招收女学生。

1979 年，巴伊兰大学开始进行学科改革。例如，人文科学院系相继设立研究生学位点，主要包括经济学、地理学和古典学。在自然科学院系率先设立博士学位，开始多元的跨学科研究。此外，学校还增加了许多专项的研究中心，比如大屠杀研究所和希伯来语研究所。

1985 年至 1995 年期间，学校的教学和研究水平显著提升。这时，学校拥有 5 所学院，学生人数达到 10640 人，拥有 5 个分校和教学点。1995 年至 2005 年，巴伊兰大学不仅建立起一支世界上规模最大的犹太学师资队伍，还成立了许多专业化的研究中心，耶路撒冷的学术中心就是其中之一。同时，学校还开展了许多课外拓展活动，丰富学生的校园生活。

巴伊兰大学发展至今已经拥有八个学院：精确科学学院、生命科学学院、社会科学学院、人文科学学院、犹太学学院、医学院、工程学院，以及法学院。巴伊兰大学的教学特色是综合性多元化教学，设置了全面的学科类别，比如在社会科学方面，采用多元教学方法，犹太传统经典教学和普通高等教学相互交叉，使传统精神与现代技术实现很好的融合。

作为以色列领先的一所综合性大学，除了拥有良好的学术水平、先进的科研设备、优美的校园环境，独具特色的跨学科综合性研究中心——纳米及先进材料中心和脑科学研究中心也是巴伊兰大学的吸睛法宝。符合要求的学生可以直接进入研究中心实习，与教授学者们一起进行科研工作，这也是巴伊兰大学相对于其他大学而言独一无二的科研优势所在。

巴伊兰大学的所有课程都面向全世界学生开放申请，目的就是要将世界各地的高端人才聚集于此，共同开展更高效的研究。

政治家与外交家的摇篮：海法大学

海法大学是以色列北部最大的综合性研究型大学。该学校坐落在以色列第三大城市海法，位于迦密山山顶，四周森林环绕，在校园里就可以俯视地中海，被誉为"以色列政治家与外交家的摇篮"。

海法大学创建于 1963 年，目前拥有超过 18000 名来自不同种族和社会经济背景的学生。作为一个蓬勃发展的学术中心，该大学由 6 个学院、59 个系、57 个研究中心组成，在公共卫生、安全研究、大屠杀研究、癌症研究、神经科学、生物信息学、海洋科学、教育和表现遗传学等多个领域赢得了国际声誉。海法大学图书馆是以色列规模最大的高校图书馆之一。海法大学亦是赫克特博物馆（The Hecht Museum）的所在地，该博物馆收藏了古代以色列的考古文物及许多珍贵的艺术品。

　　海法大学最重要的特点就是前沿性与创新性，拥有众多的创新部门与研究中心。其中，有以犹太人－阿拉伯人研究中心和以色列赫茨尔研究所为代表的传统研究中心，也有以朝圣与旅游娱乐研究为代表的新型前沿学科研究中心。此外，美国 IBM 公司在海法大学建立了最大的海外研究机构。

　　海法大学最具有代表性的研究中心是海洋科学研究学院，这是一所世界级别的研究机构，主要的研究方向是海上研究与试验，不仅关注理论研究，而且注重实践中的现实运行。最主要的海域研究范围是在地中海海域。

　　海法大学的国际学院是一个为来自海外的学习者提供国际交流的场所。国际学院提供暑期课程、希伯来语课程与阿拉伯语强化课程。每年，来自世界各地 40 多个国家的学生汇聚于此，或参与暑期课程、寒假课程、语言强化课程的学习，或完成自己的本科、硕士、博士学业。参与国际学院研究生课程学习的学生可与全球各地的学生以及以色列

海法大学附近的咖啡馆，图片提供者：Levi Meir Clancy

学生一起学习。这些课程采用英语授课，为期一年至两年。全日制研究生课程内容包括艺术疗法、儿童成长与发展、外交研究、德国与欧洲研究、全球绿色 MBA、犹太人大屠杀研究、以色列研究、国际行政 MBA、风险管理与保险 MBA、海洋地球科学、海洋文明、国家安全研究、专利法、和平与冲突管理、史前考古等。学生将有机会在联合国、一些非营利组织或高科技公司等机构实习。

海法大学称自己的独特使命是在宽容和多元文化的氛围中培养卓越的学术成就。在研究领域和社会责任之间不同寻常的交叉驱动下，海法大学致力于创造一个新的学习环境、一个新的社区，以及一个更好的以色列社会。

最年轻的综合性大学：本-古里安大学

本-古里安大学是以色列主要的研究型大学之一，其多个领域位于世界前列。大学拥有约 2 万名在校生和 6000 名教职工，下设工程学院、卫生科学学院、自然科学学院、苏加文萨圣尔人文与社会科学学院、吉尔福德格雷泽商业与管理学院、乔伊斯和欧文高曼医学院、克力特曼研究生学院，以及阿尔伯特·卡茨沙漠研究国际学院。超过 10 万名毕业生在以色列的研发、工业、卫生保健、经济、社会、文化与教育行业担当重要职位。

本-古里安大学是以色列最具活力的大学，建有三个校区，分别是贝尔谢巴校区、塞德博克校区和埃拉特校区。本-古里安大学以其充满活力的校园生活和优秀的学术成绩而闻名，一直以来被评为以色列本科生的第一选择。

本-古里安大学成立于 1969 年，原名为内盖夫大学，其宗旨是促进内盖夫沙漠地区的发展，而内盖夫沙漠占以色列 60% 以上的土地。以色列国的创始人兼第一任总理大卫·本-古里安（David Ben-Gurion）认为以色列的未来就在这里。后来，该大学更名为本-古里安大学。

1978 年，阿尔弗雷德·因塞尔伯格（Alfred Inselberg）教授和当时数学学院的萨姆·伯格曼（Sam Bergman）博士以及埃弗拉姆·梅尔克曼（Avraham Melkman）博士共同发起了计算机科学计划，截至1982年，该计划吸引了200多名学生。值得注意的是，这是以色列的第一个大学计算机课程，并且为此建立了第一个计算机图形实验室。

1997年，本-古里安大学和哥伦比亚大学合作开办了国际卫生医学院（MSIH）。这是一所四年制的北美风格医学院，将全球健康课程纳入了医学院四年的课程。学院每年招收40多名学生，大多数学生来自美国。

本-古里安大学发展到今天，有超过6000名学生参与到社区服务之中，并且拥有国际认可的研究中心、现代的实验室、多学科研究所等，被称为以色列增长最快、最具活力的大学。目前本-古里安大学在创新方面也独树一帜，学校在不同的领域都有自己的创新前沿技术中心。学校的主要创新研究领域包括自然科学、工程学和荒漠研究等。学校最吸引人的尖端研发中心之一是机器人智能研究院，它实现了农业、生物和认知机器人学多学科罕见的融合。机器人智能研究院将不同学

内盖夫沙漠，图片提供者：Cole Keiste

科（如机器人学、计算机科学、生理学等）的高级和普通研究者聚集在一起，旨在激发新思想和新的研究方向。

在跨学科研究方面，本－古里安大学立志进入世界上最优秀的跨学科研究型大学的行列，成为科学创新、跨学科研究与应用科学等领域的领头羊，并且以社会和环境发展为己任，不断致力于以色列以及世界环境的发展。而本－古里安大学跨学科研究的最大成果就是改造沙漠和干旱陆地，其中雅各布·布劳施泰因荒漠研究院（Jacob Blaustein Institute for Desert Research）利用四十年的时间进行研究和实验，最终将不可能变为可能。他们利用对植物学、物理学、化学等跨学科的研究，通过经营养鱼场、种植农作物、将盐水脱盐、利用太阳能等方法改造了以色列的大片沙漠和干旱地区。

高等教育委员会代表名额之争

以色列的大学教育模式在建国前就已具备雏形，形成了有效运作的行政自治与学术自治。建国后，以色列政府将基础教育的管理权从各个党派手中收归中央政府统一管理，同时大学教育管理权的归属问题在1958年被提上日程。政府决定继续保持大学教育机构的自治模式，并运用国家立法手段将大学教育机构的自治权加以确立。

以色列高等教育委员会

以色列政府于1958年制定了《高等教育委员会法》并成立了以色列高等教育委员会。高等教育委员会是以色列大学的最高管理机构，委员会由全国学生联合会主席、计划与预算委员会主席以及教育部部长等25名成员参与组建。每一届委员会任期为5年，由教育部部长担任委员会主席，而其余成员由教育部部长提名，经内阁批准后报请总统。

委员会拥有以下权利：审查并确认办学资格，批准大学的成立，授予大学各项权力。除此之外，委员会还要向大学提出有关扩大和调整规模、加强校际教学科研合作的建议；向政府提交高等教育发展建议及高等教育计划与预算报告。《高等教育委员会法》规定，凡是经高等教育委员会批准成立的大学可以根据学校自身的预算以及实际情况自行处理学校的一切事务（包括处理学术与行政事务、任命行政人员、聘请教学及科研人员、选择教学方法等）。

高等教育委员会的一个重要的常设机构是计划与预算委员会，该委员会由以色列政府批准成立，由6名成员组成。6名成员由委员会从高等教育领域以及工商界人士中投票选出，每届任期三年。其中，委员会主席必须是高等教育领域中的资深学者，一般来说由教育部部长提名，委员会投票产生。计划与预算委员会是独立于政府与大学之外的协调机构，在保证教学活动与科研活动能正常运行的情况下，制定出学校的正常发展预算；向政府和委员会提出大学发展的计划和预算；向委员会解释授权教育机构并向它们提供财政资助的原因。

此外，委员会还有两个次级永久机构。一个是海外教育委员会，负责处理各大学海外校区办学事宜，包括给学校颁发办学许可证以及进行办学质量监管；另一个是地区学院委员会，负责处理以色列国内各地区本科学院的事宜。另外，委员会还计划成立大学与地区学院教学委员会以及专业学院委员会。

为保证高等教育的质量，除了高等教育委员会，以色列还建立了较完善的质量评估和保障体系。2010年，成立于2004年的质量评估和保障部门成为高等教育委员会的一个独立机构——质量评估部（The Quality Assessment Division）。2014年11月，以色列总理办公室、教育部和财政部组成了一个以色列高等教育治理指导委员会（The Committee for Regulating the Governance in Higher Education），该组织的主要目标是重新制定高等教育治理的组织结构，评估大学与政府的互动，并表达了既维持高等教育体系某种程度的自治，又体现政府政策以及国家的需要和目标的政治意图，强调规划程序、质量控制和学术认证三者间的正相关。

由于高等教育委员会涉及大学教育，尤其是大学教育中的政府拨款，因此围绕高等教育委员会的构成问题，这些年来一直有些争议。

以色列国国旗，图片提供者：Levi Meir Clancy

围绕代表名额的争论

这次的争论是由以色列教育部前部长利莫尔·丽芙纳特（Limor Livnat）提出的一个改革方案所引起的，在方案中，丽芙纳特意图大幅度削减大学代表的名额，重组高等教育委员会，增加低层次教育机构以及商界和民意代表的名额，以便能够突出低层次的教育机构在以色列教育活动中的重要性，使高等教育委员会更具有代表性。根据丽芙纳特向内阁提交的最新一届的高等教育委员会的名单，7所大学在高等教育委员会中所占的名额由之前的18人减少至11人，给公开大学增加一个名额，给妇女代表增加3个名额，给地区学院代表增加4个名额，给德鲁兹代表增加3个名额。丽芙纳特的做法其实也代表了以色列官方的意见，他们认为只有增加地区学院以及其他非教育机构代表的名额，才能合理布局以色列的高等教育。

具体深究其原因，也是因为目前的教育形式以及教育结构发生了变化。自20世纪90年代起，以色列接受高等教育的人数大幅度增长，截至2020年，地方学院的招生人数比例从过去的15%上升到45%，而大学的招生人数比例从过去的90%下降到55%。所以，以色列官方认为这种教育结构的变化必然会带来社会结构的变化，教育作为一种民主形式活动，也需要更多的民主机构来决定。丽芙纳特认为大学是象牙塔，是脱离普通大众的一般教育机构，所以不应该在高等教育委员会上占绝对的主导地位。而且，现行的高等教育委员会的结构不利于以色列的教育发展，需要做出调整。

丽芙纳特的意见遭到了高等教育委员会中大学代表的反对，他们对教育部以高等教育结构变化为理由来削减大学代表名额的做法表示质疑。他们的观点是：虽然目前大学的数量占高等教育机构的比例在缩小，但是，那些地方学院以及其他高等教育机构都是在大学的基础上建立的。而且，大学一直以来都是科学研究的主要机构，是高等教育的主体，所以，由大学代表占高等教育委员会的大多数是合理的。

目前高等教育委员会和大学校长们认为，科学研究能力还是要作为进入高等教育委员会的一个重要参考标准，委员会必须由具备国内外学术声誉的资深学者组成。他们强调，代表权的问题只是表面问题，这实质上是一个学术声誉问题。如果真的要按照教育部的做法，那将会极大地妨碍以色列科研水平的发展，降低高等教育的质量，而公开大学和地区学院不能代表以色列的高等教育以及以色列的科研水平，因此不应该增加他们在委员会的代表名额。由大学权威学者组成的人文社会科学院发布了紧急声明，要求政府在经过调查之前，不能随意改变高等教育委员会的结构。大学校长们还准备谋求一些政府部门的支持，建议下一届的委员会主席由大学推荐，且地区学院的代表不再担任委员。

以色列教育部不同意此种观点，他们认为高等教育应归国家管理，国家必须决定高等教育的发展，在不影响高等教育质量的前提下增加接受高等教育的人数，推动教育大众化将建立更高的学术水准。教育部的提议获得了一些支持，这些支持不仅来自地方学院，也来自一些科学研究机构，如位于耶路撒冷的高级战略和政治研究院发布了报告，批评高等教育委员会是由一群保守的大学代表组成，他们害怕失去既得利益，所以阻碍变革。报告指出，自1980年之后，以色列海外移民的增加导致人口增长趋势加快，而面对社会结构的变化，以大学保守群体占主导的高等教育委员会为了垄断和保护老牌大学的利益，而限制高等教育规模的扩大。

地区学院的代表们表示，扩大学院代表的比例是有必要、有意义的举措，这种做法可以打破高等教育的垄断性和排他性，更有利于以色列高等教育的发展。他们认为地区学院在委员会中没有自己的话语权，根据委员会的规定，除了少数符合条件的地区学院可以授予硕士学位之外，其余大部分地区学院只能授予本科及以下学位。2000年左右，曾有一所地区学院申请获得授予本校学生法学硕士学位的资格，但是高等教育委员会评估后没有予以通过。高等教育委员会给出的理由是，地区学院应当做好教学工作，不建议地区学院进行学术科研活动。后来，有四所地区学院想要通过合并成立新的大学，也遭到了委员会的否决。

其实，问题的本质说到底还是对于资金以及资源的分配问题。由

以色列国会会议，图片提供者：Rafael Nir

于地区学院一直以来获得的经费比之大学少得多，所以，大学校长们担心如果地区学院代表在高等教育委员会中的名额增加，随之带来的可能是地区学院所得到的经费的增加，以及他们分配到的资源的增加，相对而言，大学在经费获得上就会比之前减少。由于委员会中的计划与预算委员会权力很大，它负责审议和执行国家对于高等教育的常规预算和发展预算，高等教育委员会的计划与预算委员会每年掌握 52 亿新谢克尔的年度预算，地区学院能够得到的经费只有 12 亿新谢克尔，而大学可以获得 40 亿新谢克尔的经费。面对这种情况，大学校长们认为，委员会的结构如果发生变化，会造成两种不利的结果：第一，如果大学的代表在委员会中占不到多数，大学的预算肯定是会减少的；第二，一些地区学院可能会趁机合并成为大学，这些新大学会要求政府提供更多的资助而分流现有大学的拨款。当新大学将这些拨款用于开设一些类似大学的学科和研究项目时，大学校长们将十分担心自己学校的优势学科或者研究项目失去特色。

这些大学校长的担心也不是没有道理。丽芙纳特不否认大学在以色列科学研究方面的特殊地位，但这丝毫不能改变她要打破目前大学对高等教育拨款的垄断局面的决心。她始终认为缩小大学代表在高等教育委员会中占的比例，能够使资金和资源分配产生新的变化，以促进以色列的高等教育朝着更合理的方向发展。按照其想法，地区学院应当能够从事学术研究和授予本科及以上层次的学位。对此大学校长们也迅速作出反应，他们指责教育部门是在利用教育问题引起社会舆论的关注，以此来赚取选票，他们声称这纯粹就是一种政治目的，而从来没有真正考虑过高等教育的发展，尤其是减少大学的拨款将意味着大学从此失去高质量的科研水平，这也会挑起地区学院与大学之间的矛盾，影响到国家的发展。

希伯来大学的校长认为大学与地区学院各有侧重，大学重点在于科研，地区学院重点在于教学，保证大学的代表比例不减少实质上就是保证国家的科研水平不下降。其实，众多的地区学院跟大学是有联系的，有一些依托大学开展教学活动，有一些在大学的帮助下建立自己的学科系统。但是，一旦发展成熟，地区学院就不再愿意依附于大学，而想要寻求自身的发展。无论是为了学术独立还是避免学术平庸，这都是以色列高等教育在发展和转型阶段不可避免的现象。无论出自何种目的，以色列高等教育中不同教育类型和发展所展现出的特色明显、分工明确还是很值得借鉴的。政府应当整合国家的资源，严格控制国家的教育结构，集中力量办好具有学术优势和科研优势的大学，并在此基础上办好普及性教育。高等教育机构一拥而上争层次、贪大求全的做法只会冲淡特色、分散力量。

一直以来，以色列的七所大学都以培养高精尖人才为主，国家的基础科学和应用科学研究也主要靠这七所大学支撑。但是，在高等教育普及方面，很大程度上还是由地区学院完成。学院和大学的学科建设以及教学发展情况都要通过高等教育委员会去协调，学院和大学也会根据自身的发展特点对所在社区进行评估。比如说，1964年特拉维夫大学在考虑增建医学院的时候，希伯来大学对此表示强烈反对，希伯来大学认为特拉维夫大学此举会削弱本校医学院的发展，两所学校的负责人曾因此事在会议上吵得不可开交，但最后在高等教育委员会的斡旋下，最终特拉维夫大学还是新增了医学院。在这几十年的时间里，特拉维夫大学的医学院为以色列的医疗人才培养做出了巨大的贡献。以色列同中国一样，是一个老龄化国家，加之以色列长期以来安全形势较为紧张，所以各类医疗人才以及医疗资源在社会中是不可或缺的，发展医学的教育也是以色列高等教育所必需的。目前，以色列有四所大学设有医学院，除了特拉维夫大学医学院和希伯来大学哈达萨医学院以外，后来又新增了以色列理工学院医学院和本－古里安大学医学院，每个学校的医学院各有其特色。比如，以色列理工大学的医学院重视技术培养，希伯来大学的医学院注重学术培养，特拉维夫大学的医学院侧重综合医疗环境的建设，本－古里安大学的医学院侧重于医疗教学。正是由于医学教育的发达，以色列现今每 1000 人中就有 3.7 名医生，远远超过了其他发达国家，达到世界先进水平。

新上学科如此，学术规模和学生结构的考量也不例外。以色列是依靠教育立国、科技兴国的，长期以来以色列除了限制大学的数量之

海滨城市特拉维夫，图片提供者：Stacey Franco

外，在对待招生问题上也十分慎重。高等教育委员会做出了分工，本科扩招由地区学院和一些教师进修学院进行，而七所大学只适量增加本科的招生名额，以确保其科研水平不会受到影响。

目前，以色列的七所研究型大学的本科生在读人数占学生总人数的75%，攻读硕士学位的学生人数占20%，而攻读博士学位的人占5%。2000年以后，攻读硕士、博士学位人数的比例不断上升，平均每年上升6个百分点左右。到了2010年以后，在以色列大学攻读硕士和博士学位的人数比例已经达到了40%。

由于大学校长们不断施加压力，以色列教育部前部长丽芙纳特不得不推翻以前的方案，重新调整委员会人选，经过一番"讨价还价"，丽芙纳特终于与大学校长们达成一致，增加两名科技专家和一名高科技发展研究人士，并且将大学的代表直接增加到12人。至此，长达一年的代表名额之争终于落下了帷幕，在反复的利益权衡和较量中，第十届高等教育委员会形成。委员会由12名大学代表、6名地区学院代表、5名公众代表和1名全国学联代表组成。

以色列大学的大脑——董事会

以色列大学和中国大学相比，在管理上有一处明显不同——以色列的大学（包括公办大学）均有董事会。

早在 20 世纪初期，希伯来大学、以色列理工大学和丹尼尔·西夫研究所（即后来的魏兹曼科学研究院）相继成立，建校所需的资金均由海内外的杰出人士组成的董事会筹集，学校由董事会进行行政管理，由资深的教职人员组成的学术委员会制定学术政策，实行高度的学术自治。自此，以色列大学这种由校董事会管理、实行学术自治的管理模式渐渐固定下来，这种模式使这些大学既没有宗教方面的约束，也摆脱了政府的干预。

董事会是以色列大学的主要权力机构。它由世界各地的学者、科学家，还有以色列的政府代表、校友代表等组成。董事会每年举行一次例会，选举董事会主席。董事会的职责相对较大，主要负责选举校长和副校长，制定学校章程，确立学校的法律地位、办学宗旨和招生原则等。

董事会的常设机构是执行委员会，由董事会主席、名誉主席以及学术委员会的代表组成。主要职能是在董事会休会期间负责管理和处理学校事务。执行委员会每年至少召开 4 次会议，审核和批准向董事会提交的财政报告和预算提案。

以色列某大学董事会会议室，图片提供者：Phil Goodwin

以色列大学的最高学术机构则是学术委员会，其组成成员主要是学院院长、大学教授、高级讲师以及部分讲师。学术委员会主要负责学校内部学术方面的具体事务，包括学术运作、学术研究、维护学科建设、监督教学质量等等。学术委员会设有常务委员会，一般会选举学术总监任学术委员会的主席，其他委员则会由学术委员会直接任命。其他学术机构还包括学术政策委员会和学院院务会议。其中学术政策委员会由学术委员会和董事会执行委员会共同领导，其主要任务是制定相关的学术政策并且执行具体方案，例如：调整学术机构、指导校园发展、指定招生政策以及奖学金分配原则等。学院院务会议的职责就是管理本院教学事务，及时调整教学内容，协调科研并向学术委员会提交与本院事务有关的一切建议和意见。

董事会和学术委员会等机构各司其职又相互制约。比如，董事会如果要设立或撤销学院、决定学校的财政政策、审批年度预算、制定主要政策和批准学校其他机构制订的条规，必须得到学术委员会和董事会执行委员会的授权。

以色列大学校长是学校的最高行政领导，由董事会直接任命，一般任期为 4 年。校长在对外事务中代表学校，依据既定的章程和规则处理学校的所有事务，领导所有的学术、行政、管理人员，并对他们的工作情况进行监督和管理。另外，学校学术方面的负责人是学术总监。学术总监主持学校的有关学术方面的事务，并对学术委员会负责。校长和学术总监之下分别设有副校长和学术副总监。他们主要帮助校长和学术总监承担部分工作，并且在校长和学术总监不在时，代替其主持日常事务。

学校的每个学院都设有院长，主要负责学院的行政、教学、科研管理事务，院长由院里的教授或副教授担任，在院务会议中选举产生，任期为三年。院下设有系，是大学最基层的单位，系主任由具有高级讲师以上职称的人担任，任期为三年，负责本系内部的教学事务。

在以色列的大学行政机构中，还设有审计长这一职务，审计长主要负责审计学校财务情况，只对董事会和执行委员会负责。此外，还设有校长战略规划顾问处、学校发言代表处、学生事务管理和注册处、财务处、秘书处、法务处、人力资源管理处、发展和公共关系处等机构单位。

五

新旧"语言之战"——希伯来语、德语还是英语？

1913 年，巴勒斯坦的犹太人社区陷入了一场争议，起因是为了方便德国援助组织在以色列理工学院工作，学校的董事会决定将德语作为主要教学语言，这一举动引起了许多师生的不悦。为表示抗议，一些教师表示他们将拒绝授课，学生们纷纷离开课堂。经过多次激烈的争论，最终董事会做出了让步，决定使用希伯来语作为以色列理工学院唯一的教学语言。

为何教学语言的使用会引起如此激烈的反应？这还需要从希伯来语的地位说起。

希伯来语是犹太民族的一种古老的语言，由于《圣经》最初版本用希伯来语写成，所以它又被称为"圣语"。从公元 135 年开始，随着第二圣殿的毁灭，犹太人开始了流散生活，数千年来犹太人流散到各个国家，分布于世界各地。为了融入当地，他们只能使用当地的语言，而希伯来语逐渐成为一种宗教语言，而不是犹太人的日常用语。

19 世纪末 20 世纪初，一些犹太复国主义者意识到只有恢复希伯来语才能唤醒人们的民族意识，于是在欧洲和巴勒斯坦地区掀起了一场希伯来语复兴运动，目的是将该语言从仅在宗教仪式中使用的宗教语言，变成在以色列日常生活中使用的口语和书面语。而语言学家埃利泽尔·本－耶胡达（Eliezer Ben-Yehuda）更是为希伯来语的复兴

第二圣殿的遗址——耶路撒冷西墙，图片提供者：Bruno Aguirre

做出了不可磨灭的贡献，他结合传统的希伯来语对其进行改良并编撰了希伯来语词典，为原本只用于宗教的希伯来语发展出能够在日常生活中使用的词汇和文法。虽然最后希伯来语的成功复兴基本上与本－耶胡达在耶路撒冷的行动无关，但这一行动无疑对于第一次和第二次回归的犹太人产生了很大的影响，第一所希伯来语学校便是在那些屯垦区设立的。希伯来语渐渐在当地人的日常生活中复苏起来，本－耶胡达可以说是为复兴运动的开始打下基础。当地越来越多犹太人开始使用希伯来语，1922 年巴勒斯坦成为英国的托管地后，便将希伯来语与英语、阿拉伯语一起列作官方语言。

　　1948 年以色列建国后，犹太人以立法的形式确立希伯来语为第一官方语言。自此，希伯来语被定为国语，正式成为犹太民族通用语言，广泛应用于政治、经济、文化等领域。在希伯来语复兴过程中，大学发挥了重要作用。即使面临重重障碍与阻力，最终依然取得了成功。

　　大学是传播文明、传承文化、发展科学知识的地方，而传承传统文化是其主要职能之一。犹太民族作为一个拥有上千年文明的民族，

希伯来语字母，图片提供者：Natalia Yakovleva

其文化的传承与创新、发展与传播也决定着这个建国时间不长的国家能否在世界上站稳脚跟。所以在促进犹太文化的传承与创新、与世界其他国家进行文化交流、推广希伯来语等方面，以色列的大学承担着重要使命。

所以，这场关于是用希伯来语还是德语进行教学的语言之战影响巨大，它是犹太民族重新觉醒的标志，也是以色列建国的前哨战。可以说，如果失去了本民族语言的合法地位，也就在相当程度上失去了本民族的话语权。

21 世纪初，一场新的语言战争爆发了。这次的问题是，以色列的学术机构是否可以在以色列法律课程中只使用英语教学。

为此，以色列高等教育委员会任命了一个由以色列法学教授组成的委员会来研究这一问题并提交其建议。该委员会由赫兹利亚跨学科中心（Herzliya Interdisciplinary Center）的阿姆农·鲁宾斯坦教授（Professor Amnon Rubinstein）担任主席，该组织的其他成员包括巴伊兰大学的阿里尔·本多尔教授（Professor Ariel Bendall）、内塔尼亚胡学院的露丝·普拉托·希纳尔教授（Professor Ruth Prato Ciner）、特拉维夫大学的肯尼斯·曼教授（Professor Kenneth

Mann），以及代表高等教育委员会的特拉维夫管理学院的哈伊姆·桑德伯格教授（Professor Haim Sandberg）。

许多法学院教授是支持这项提议的，其中希伯来大学法学院院长尤瓦尔·夏奈教授（Professor Yuval Shany）和特拉维夫大学的艾亚尔·班维尼斯蒂教授（Professor Aiyal Benevensti）专门向委员会致信表示支持这一倡议。前最高法院院长阿哈龙·巴拉克教授（Professor Aharon Barak）也表示支持允许使用英语的法律课程。他们表示，用英语教授法律是大势所趋，能够快速让以色列的法律研究跟上国际水平。

国际数据中心法学院院长莎伦·拉宾－马加里奥斯教授（Professor Sharon Rabbin-Magarios）就公开声明，虽然他不确定说希伯来语的以色列人是否会对英语教学感兴趣，但是以色列的法律课程确实对英语教学有要求。不仅如此，该学院也是第一个申请用英语学习法律本科课程获批的学校。该院院长摩西·科恩－埃利亚教授（Professor Moses Cohen-Eliya）也认为，这样的计划会鼓励来自英语国家的犹太人移民到以色列，他们可以用自己的母语学习以色列法律，所以这项计划可以达到吸引人才的目的。

不过，也有不少人持反对意见，内坦亚学院法学院院长西奈·多伊奇教授（Professor Sinai Deutsch）领导了这场反对允许用英语讲授法学本科课程的斗争。多伊奇教授认为，这不仅仅是一个语言教学问题，更多的是一个公共问题，无论如何都没有理由用英语教授一门纯以色列学科。他补充说："希伯来语的法律书籍数以千计，文章数以万计，法律裁决案例超过一百万。有传统的犹太律法和圣经。我不是说有些课程不应该用英语授课，我是在美国读的博士学位，但用英语完成整个学位项目完全是另一回事。"根据多伊奇的说法，以色列是有着复杂移民背景文化的社会，他们仅仅因为相同的宗教信仰和使用希伯来语而团结在一起，这不应该被破坏。多伊奇还反问那些支持这项提议的教授："会有人想到在美国开设一个用法语授课的法律学院吗？如果以色列的法律不用希伯来语授课，也许我们的法律制定直接翻译其他国家的法律就可以了，我们不需要自己制定法律。"

多伊奇就此事致函教育部部长沙伊·皮龙（Shai Piron），并计

希伯来语版《圣经》，图片提供者：Diana Polekhina

划与历史学家兹维·查梅雷（Zvi Chamere）和全球希伯来语推广中心
负责人娜塔莉·阿科恩（Natalie Akorn）会面时讨论此事。"我们将
讨论如何让这个重要的问题引起大众的注意，因为这是一个公众的问
题，"多伊奇说，"教育部长的工作不仅代表教育机构，也代表公众。"
当然，多伊奇教授的担心不止这些，他认为在美国，私人执业律师和
学术界律师的薪水是以色列的四倍，如果让说希伯来语的以色列人学
习英语法律课程，那会有大批的法律人才移民到美国。

　　多伊奇教授的盟友——以色列律师协会的多伦·巴兹莱（Doron
Barzilai）也非常反对英语授课，他认为，作为以色列的律师，其能力
与希伯来语的流利程度密切相关。如果不能运用希伯来语在法律方面
进行辩护，就不能够为客户提供最好的服务。

　　但是，另一位以色列律师科恩–埃利亚并不认同多伦·巴兹莱的
观点，他认为所有的反对都是基于非理性的恐惧，用英语教授以色列
法律课程将会吸引大批熟悉以色列法律的外国学生来以色列学习，同
时也可以让以色列的学生走向世界，让世界了解以色列法律，赋予以

色列法律更大的影响力。他表示："我们可以参与全球对话，讨论许多国家面临的问题……反对它的立场是狭隘的、令人痛心的。"

目前"新语言之战"仍在继续，尚未有结果，但其清楚地反映出当今以色列高等教育群体内部在平衡民族主义与国际化方面的矛盾心理。

以色列大学与诺贝尔奖

犹太人人口大约只占世界人口的千分之二，却获得了全球 29% 的诺贝尔奖，这与以色列研究型大学的教育有着密切关系。1966 年以来，共有 12 位以色列人被授予诺贝尔奖，其中有三人毕业于希伯来大学，三人毕业于以色列理工学院。

以色列大学培养的"诺奖"得主

丹尼尔·卡内曼（Daniel Kahneman），生于特拉维夫，犹太裔美国心理学家。凭借对"展望理论"的贡献，获得 2002 年诺贝尔经济学奖，于 2011 年出版畅销书《快思慢想》（*Thinking, Fast and Slow*）。

20 世纪 20 年代，丹尼尔·卡内曼的父母从立陶宛移居法国巴黎，他虽然在特拉维夫出生，但从小跟随父母在法国巴黎长大。1940 年，纳粹德国占领巴黎，其父亲是第一批被挑选出来送往集中营的犹太人之一。因与雇主私交很好，在雇主的帮忙下，父亲得以释放，卡内曼全家在接下来的战争时期都没有被逮捕，生活正常，其父亲在 1944 年因糖尿病过世。1948 年，正好是在以色列建国前夕，全家移居至当时处在英国托管下的巴勒斯坦。

丹尼尔·卡内曼的出生地——特拉维夫，图片提供者：Shai Pal

　　丹尼尔·卡内曼主修心理学，在希伯来大学取得学士学位后，于1958年前往美国攻读心理学博士学位。丹尼尔·卡内曼曾在以色列国防军心理部门工作，博士毕业后入职希伯来大学担任讲师。此后几年内，丹尼尔·卡内曼在密歇根大学和剑桥大学等学校做访问学者，主要研究方向是视觉心理学。1977年至1978年，丹尼尔·卡内曼与希伯来大学同事阿摩司·特沃斯基（Amos Tversky）主攻展望理论，取得了良好的成绩。丹尼尔·卡内曼的主要贡献是将心理学研究与经济学研究结合起来，以应对在不确定的情况下的经济政策的制定。基于此理论，他在2002年获得了诺贝尔经济学奖。

　　阿龙·切哈诺沃（Aaron Ciechanover），1947年10月1日出生于海法，以色列生物化学家、美国国家科学院外籍院士、美国国家医学院外籍院士、美国艺术与科学院外籍院士、以色列人文和自然科学学院院士、中国科学院外籍院士。中文名齐揩华。由于发现了泛素调节的蛋白质降解，在 2004 年获得诺贝尔化学奖。

1974 年阿龙·切哈诺沃从耶路撒冷哈达萨医学院毕业后，前往以色列理工学院攻读生物化学博士并最终获得博士学位，毕业后留在该校生物化学系担任高级讲师。1992 年，切哈诺沃凭借出色的科研能力被以色列理工学院和美国麻省理工学院同时聘为教授。

2004 年，凭借发现了泛素调节的蛋白质降解机理，阿龙·切哈诺沃被授予诺贝尔化学奖。他的成果就是发现了一种蛋白质"死亡"的重要机理，以及人类细胞如何控制某种蛋白质的过程。具体地说，就是人类细胞对无用蛋白质"废物处理"的过程。他的成就为细胞研究开辟了一个崭新的领域，由此而进行的相关细胞代谢和凋亡调控机制的研究对进一步揭示生物的奥秘，以及探索一些疾病的发生机理和治疗手段具有重要的意义。

阿龙·切哈诺沃在国际上享有极高声誉，并且在生物医药理论研究方面具备精深的专业技术水平。据说他的一项关于淋巴瘤治疗的蛋白酶抑制剂药物的研究，如果实现市场化，可达到 10 亿美元的价值。

以色列第三大城市——海法，图片提供者：Josè Maria Sava

2005 年，在以色列新闻网站上"选出 200 名最伟大的以色列人"的民意调查中，他荣列榜单第 31 位。

作为以色列第一批诺贝尔科技奖得主之一，阿龙教授不仅在以色列的科技史上扮演了重要的角色，同时也推动了中以科学的交流与发展。他长期关注中国科学研究的发展情况，并且与中国很多高校及科研院所保持着深切的合作关系，在南京大学、南开大学、天津大学、中国医学科学院、第四军医大学、西安交通大学等十几所院校担任荣誉教授，与国内的科研院校共同培养学生、攻克科学难题、实现全方位的合作，为中国的教育事业和科研工作做出了巨大的贡献。2011 年，切哈诺沃正式兼任南京大学化学与生物医药科学研究所所长。

阿夫拉姆·赫尔什科（Avram Hershko），1937 年出生于匈牙利，20 世纪 60 年代前往希伯来大学哈达萨医学院攻读博士学位，并于 1969 年毕业。毕业后，赫尔什科前往以色列理工学院拉帕波特医学院任教并最终成为该院的著名教授。2004 年 10 月 6 日，瑞典皇家科学院宣布，将 2004 年诺贝尔化学奖授予以色列科学家阿龙·切哈诺沃、阿夫拉姆·赫尔什科和美国科学家欧文·罗斯（Owen Ross），以表彰他们发现了细胞是如何摧毁有害蛋白质的（即泛素调节的蛋白质降解）。

2011 年，赫尔什科当选为中国科学院外籍院士，在中国热心培养青年科技工作者，多次与科研院所、中国青年学者、学生交流，并给予他们极大鼓励。他在为中国培养高级科学人才、促进中国科学家的国际学术交流方面做出了巨大贡献，并在中国的科技转化应用工作中取得了一定成就，因此获中国政府颁发的"友谊奖"。

阿达·约纳特（Ada E. Yonath），以色列晶体学家，2009 年诺贝尔化学奖获得者之一。她是首位获得诺贝尔奖的以色列籍女性，也是亚洲第一位诺贝尔科学类奖项的女性得主，同时也是继 1964 年多萝西·克劳福特·霍奇金（Dorothy Crawford Hodgkin）后再度获得诺贝尔化学奖的女性得主。

阿达·约纳特于 1939 年 6 月 22 日出生于耶路撒冷的一个贫困犹太家庭。虽然家庭贫困，但是约纳特的父母十分重视对子女的教育，

蛋白质降解试验，图片提供者：Louis Reed

省吃俭用供其上学。1962 年和 1964 年，约纳特在希伯来大学分别获得了化学理学学士学位和生物化学硕士学位。1968 年，她又获得魏兹曼科学研究院的晶体学博士学位。此后前往美国深造，先后在卡内基梅隆大学（1969 年）和麻省理工学院（1970 年）从事博士后研究。

1970 年，约纳特回到以色列，协助设立了以色列的首个蛋白质晶体学实验室，从此一直对核糖体结晶作深入研究。当时几乎没人相信核糖体可以结晶，而且即使能够结晶，也会因为核糖体太大太复杂而不能解析结构。1980 年以来，她多次从不同细菌来源的核糖体中得到了晶体。1989 年，约纳特担任以色列魏兹曼科学研究院齐莫曼生物分子结构与组装中心主任，并且发现了细菌核糖体在冷冻电镜低分辨率下的结构。

2009 年 10 月 7 日，瑞典皇家科学院宣布，英国科学家卡特拉曼·拉马克里希南（Katraman Ramakrishnan）、美国科学家托马斯·施泰茨（Thomas Steitz）和以色列科学家阿达·约纳特因对"核糖体的结构和功能"的研究做出巨大贡献，获得 2009 年的诺贝尔化学奖。

　　丹·谢赫特曼（Dan Shechtman），以色列理论物理学家、材料科学家，现为以色列工学院工程材料系教授。20世纪80年代初发现了具有准晶体结构的合金，在晶体学研究领域和相关学术界引起了很大震动。准晶体的相关研究成果已被应用到材料学、生物学等多个领域，并于2011年获得诺贝尔化学奖。同时，丹·谢赫特曼也是广东以色列理工学院的常务副校长。

　　1941年丹·谢赫特曼出生于特拉维夫，1966年谢赫特曼获以色

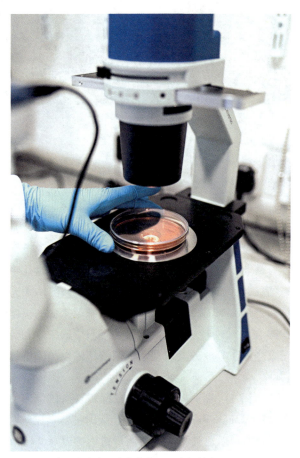

科研人员在显微镜中观察核糖体，图片提供者：Julia Koblitz

列理工学院机械工程理学士，1968 年获材料工程硕士学位，1972 年获材料工程博士学位。1975 年他加入了以色列理工学院材料工程系，不久后，成为以色列理工学院菲利普托比亚斯材料科学教授、美国能源部埃姆斯实验室（Ames Laboratory）助理、爱荷华州立大学材料科学教授。

1981 年至 1983 年，他在约翰斯·霍普金斯大学访学时参与了国家统计局的合作方案，研究快速凝固铝过渡金属合金。在这项研究中，他发现二十面体相，即在快速冷却的铝锰合金中发现一种新形态的二十面体相分子结构，开辟了研究准晶体的全新领域。一开始好几年，谢赫特曼对晶体非周期性的解释遭到科学界的敌视，著名材料学家莱纳斯·鲍林（Linus Pauling）甚至说"没有伪晶体，只有伪科学家"，意在指谢赫特曼的研究是伪科学。后来，其他科学家开始确认并接受准晶体存在的实证研究结果，一些科学家也发现了类似的准晶体，发现这些材料具有较低的导热和导电性，同时具有较高的结构稳定性。最终为表彰他"对准晶体的发现"，瑞典皇家科学院于 2011 年为谢赫特曼颁发了诺贝尔化学奖。

亚利耶·瓦谢尔（Arieh Warshel），犹太裔美国、以色列籍生物

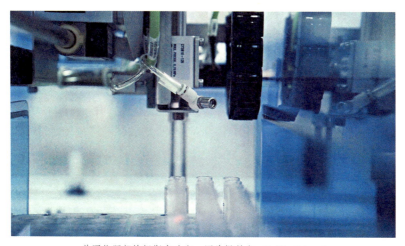

美国能源部埃姆斯实验室，图片提供者：Wallis Edward

化学家，现任美国南加州大学教授，也是美国国家科学院院士和皇家学会外籍会员。1940年，亚利耶·瓦谢尔出生于基布兹的一个农场，拥有美国和以色列双重国籍。1967年在以色列理工学院获得硕士学位，1969年在魏兹曼研究院获得博士学位。毕业后他前往哈佛大学做博士后工作，1976年，在美国的南加州大学化学系担任教授。2013年被授予诺贝尔化学奖。现任香港中文大学（深圳）杰出大学教授、山东大学兼职讲席教授。

亚利耶·瓦谢尔教授在计算机模拟生物分子功能的领域有很高的建树，他不仅撰写了近440篇论文，还开发了用于分子模拟的计算机程序，这些程序在不同的领域中得到了广泛应用，新药开发就是其中之一。他和同事们开创了模拟生物分子功能的关键方法，包括在生物学中引入分子动力学，开发了量子力学，引入酶反应的模型，开创了溶液和蛋白质中电子转移和质子转移的微观模型，以及大分子中静电效应的微观模型和蛋白质折叠的模型。凭借对于模拟生物分子功能的贡献，瓦谢尔教授在2008年成为英国皇家化学学会资深会员，2009

基布兹农场种植的作物，图片提供者：Peter Kleinau

年当选为美国科学院院士，并在 2013 年，与美国科学家马丁·卡普拉斯（Martin Karplus）、迈克尔·莱维特（Michael Levitt）等一同被授予诺贝尔化学奖。

以色列大学"诺奖现象"的成因

以色列大学之所以能够频繁地培养出诺贝尔奖得主，与两方面原因有关。一方面是犹太民族的教育传统，另一方面是以色列大学较大的科研投入力度。

首先，犹太民族的教育传统是指在犹太民族数千年的历史传统中积淀和传承下来的教育思想，这一教育思想深深地植根于其传统文化之中，指导着犹太人的学习和生活，以及教育文化。在这种教育传统的影响下，犹太民族崇尚智慧、热爱学习，形成了崇学尚智的精神特质。比如犹太人世代流传着一句话："学习始自摇床，止于坟墓。"也正是这种精神特质和教育传统，不断催生出犹太人孜孜不倦、锐意进取的探索意识和宗教般虔诚的求知精神，这种精神已经深深地渗透进以色列科学家的身体里，他们热爱思考、喜欢挑战、不满足于已有的结论，努力做出新发现和新创造。

当然，除了教育传统对以色列科学家的内在影响外，以色列大学对于科研的大力投入，也为以色列的科学家提供了良好的外部条件。据统计，以色列大学每年用于科学研究的投入超过 100 亿美元，处于全球领先地位。以色列十分重视科学研究，认为科学技术对于一个国家的发展至关重要，而科技实力也是衡量一个国家综合实力的基础条件。就拿拥有 23000 名学生的希伯来大学来说，其每年将 30% 的资金集中在科学研究上，为学校的学生和教师提供最先进的实验室，购买昂贵的实验器材，引进最新的数据库。截至目前，希伯来大学已经有近 9000 项专利，平均每年有 170 项发明引起全球关注。

七

教育兴国：仅次于军费开支的教育经费

犹太人素来以重教育著称，从 20 世纪 70 年代中期以来，以色列教育经费投入一直仅次于军事经费，占国民生产总值的比重已经超过了美国和日本，成为世界第一。要知道，教育经费占国内生产总值的比例是世界通行的衡量一个国家教育水平的基础线。

以色列教育模式以《义务教育法》为基准。在该法案中，6 ~ 16 岁的孩子要接受义务教育，这种免费教育持续到 18 岁。正规教育包含 1 ~ 6 年级的小学阶段，7 ~ 9 年级的初中阶段，10 ~ 12 年级的高中阶段。更进一步说，以教育法为前提下，教育经费的分布情况也较为均匀，幼儿教育占 9%，小学教育 24.3%，中学教育 24.4%，高等教育 19.8%，其他教育 8%，建筑与设备 8%，出版与管理 3.7%，书籍与办公 2.8%，这些高额的经费保障了以色列各阶段教育的高效运转。

以色列高校预算中，一半资金来自公共基金，15% ~ 20% 出自学生的学费，10% 来源于捐助，其余则由私营部门支付。

公共基金

值得一说的是，在 1978 年以前，政府收入是教育投资主要部分，其中以中央财政资助为主要支撑保障，地方政府所承担的教育开支比重并不大，仅 10% 左右。从 70 年代以来，以色列历届政府的教育经费投入一直很高，始终保持在 7.5% ~ 11%，超过了美国等发达国家。1978 年以后，国家开始征收教育税，视家庭收入情况统一征收，大概占到收入的 0.4%。

1988 年以色列教育经费投入在世界各国中居榜首。当年教育经费投入占国民生产总值的 9.2%，而经济合作和发展组织成员国的平均水平为 5.7%。以色列政府包括地方政府投入教育中的经费（不含奖学金）为国内生产总值的 7.2%，而发达国家的平均水平为 5.3%。以色列政府开支中 14.3% 用于教育，而发达国家平均为 12.9%。

从 1994 年开始，教育在国民生产总值中分配份额达到 9%，这一增长促进教育系统进一步发展。学校开始采取长日制、增加学时等措施，科学技术教育迅速完善，教师在职进修课程也逐渐多元化。同时，非犹太人教育体制也得到显著发展，通过吸收移民中的学生和教师，提高了非犹太人受高等教育的机会。以色列教育体制方面的改革与措施体现在各个方面，比如提高居民教育水平、完善科学技术能力以及

政府拨款扩建的教室，图片提供者：刘山明

增加社会和文化活动范围。

一年之后，以色列的教育投资达到了 9.5%。1995 年，佩雷斯政府为了支持教育和科技事业，宣布把国防开支占国民生产总值的比重由 33% 降至 9%。1998 年，以色列政府用于教育的投资更是 GDP 的 10.6%，仅次于国防预算。其中，正规教育占到 92.4%，非正规教育占 4.5%，教育行政占 3.1%。

21 世纪以来，该教育政策仍然发挥作用。2001 年，国家财政预算 614.5 亿美元，其中教育经费约占 9.35%，即 57.5 亿美元。2001 年 3 月 1 日，国会议员利莫尔·丽芙纳特出任教育部长。3 月 14 日，丽芙纳特追加 5.6 亿新谢克尔（约 1.4 亿美元）的教育预算，主要用于支持专业学院的建设、阿拉伯区中学建设、改善学生交通服务、增加特殊教育的费用等。不管政府处于什么情况，都会确保教育经费高比例支出。2005 年，特殊教育的经费预算占到了全国教育经费预算的 10%。

计划与预算委员会负责以色列高等教育机构的预算拨款及其相关事务。2019—2020 年，计划与预算委员会对以色列高等教育系统的常规预算约为 90 亿新谢克尔，约占教育总预算的 60%，这个投入力度在世界范围来看是极大的。根据 2019—2020 年计划，计划与预算委员会全面支持高等教育改革有关的基金项目，以落实全国高等教育的总体目标。

同时，以色列政府实行"向升学过渡计划"，增加了对欠发达地区的教育资金投入，扩大学生数量，而且，向一些符合标准的学生提供第二次考试的机会。据以色列政府估计，欠发达地区将会有约 5 万名学生受益。

在不显眼的教育设施上，政府同样不惜投入巨资。以色列虽然国土面积不大，全国却有大大小小 100 多个建筑精美的博物馆，100 多家设备齐全的图书馆。以色列通过这种"国家建构"的教育模式，把民族的历史、文化、宗教以及现代科技成果"灌输"给每个公民。而教育则更把向学生传授高层次的知识，并着重传授对国家的持续发展至关重要的科学技术技能作为明确的目标之一。

学生学费

学费方面，公立高校基本上所有专业的学费大致相同，差距不会超过 10%，学费上涨的频率也不高。学校还会每年根据物价水平做出调整，防止学生的学费压力过大。以 2020 年的学费为例，基本上一个本科生需要缴纳的学费为 10198 新谢克尔（约人民币 2 万元），一个硕士学位学生需要缴纳的学费为 13781 新谢克尔（约人民币 2.6 万元）。学生直接将学费支付给他 / 她所就读的学校。当然，这些只是本国学生的收费标准，外国国籍的留学生的学费标准还要再高出 25%。

民间及国外教育投资

除政府的直接教育投资以外，犹太人还素有富人资助教育的传统。其实，以色列高等教育的资金来源在很大程度上依靠民间（本国和国外）资本的赞助。例如，特拉维夫大学 1995 年的年度报告显示：该校 1990—1995 年总共筹得资金 1.18 亿美元，其中来自国内的资金仅仅为 2291.6 万美元，而其余全部是国外捐助。大学里以捐款者名字命名的建筑经常见到。这些捐款者大多是居住在国外的犹太人。由此可见，重视教育是犹太民族的传统。来自民间的力量不仅为高校资金提供有力援助，更重要的是，成为各高校创业有力的"靠山"。

计划和拨款委员会（The Planning and Grants Committee）是一个纯粹的民间组织。它由四个不同领域的高级学者和两名来自商业或产业领域的公众人物组成。这一机构的作用主要体现在经济方面，包括通过民间基金解决学校的财政问题；在政府和高校间平衡预算；在各高校间分配预算、推动高校间合作等。

全国高等教育改革

从 2000 年开始，随着以色列学生人数和高等教育机构急剧增加，以色列的高等教育面临着巨大的压力，每个学生获得的公共资金的投人不断减少，教师人数也在持续下降。在一系列条件恶化的前提下，计划与预算委员会为以色列高等教育体系启动了一项"多年改革计划"。该计划的核心内容是，保证以色列高等教育的资金投入力度，在不影响以色列整体教育质量的前提下，可以压缩其他教育经费，优先高等教育的资金投入。经过20年的发展，以色列公办大学基本上都能够获得来自政府的充足的资金支持。

2010年，计划与预算委员会与以色列财政部达成并签署了2010年至2015年以色列高等教育系统的多年度计划。这一多年度计划体现了各领域的若干改革，并被列为国家高度优先事项。

该多年度计划主要集中于三个方面：

1. 促进卓越的科研成果；

2. 提高教学质量和人力资本；

3. 增加特定人群接受高等教育的机会。

这些目标的实现是为了满足国家劳动力市场和经济的需要。为了实现这些目标，计划与预算委员会决定继续努力提高大学和学术学院的研究和教学质量，主要采取以下措施：

1. 更新现有的预算模式。主要通过强调个别高等教育机构在质量和竞争性研究方面的相对优势，并制定激励措施，鼓励招聘年轻优秀的学术人员，减少人才流失。对杰出的学术人员给予额外报酬，增加从事研究工作人员的竞争性研究资助。

2. 大幅增加以色列科学基金会的资助金额和资助规模，以促进不同机构的研究人员之间的合作。

3. 移交教师培训项目的管理权。将此前所有21所高校的教师培训项目的管理权，由教育部逐步移交给计划与预算委员会，以便使教师培训项目能够拥有充足的资金做后盾，并使教师培训能够在自由的氛围下进行。到目前为止已经有11所高校的教师培训项目交由计划与预算委员会管理。

4. 建立以色列卓越研究中心（I-CORE）计划，从根本上加强以色列学术研究的长期定位及其在以色列和国外领先研究人员中的地位。

5. 增加特定人群接受高等教育的机会。计划与预算委员会启动了一个详细的方案，目的是增加阿拉伯人士和极端正统派阶层进入以色列高等教育系统的机会，以解决阻碍他们融入高等教育系统的障碍。首先，计划与预算委员会为阿拉伯学生设立专项资助项目，涵盖了对其高中到预科教育的资助。该项目的一部分资金还用于改善阿拉伯学校的基础设施以及教育条件。

在极端正统派方面，计划与预算委员会资助各个高等院校建立了特殊专业（MAHARS），这些特殊的专业都是为极端正统派的学生开设的，与学校的其他专业一起运作，并在高等学校的全面监督下运行，其中大部分课程和学位都与宗教相关。这样做的目的是想要引导极端正统派的学生能够进入以色列大学接受教育，获得学位，最终能够参与国家建设。此外，作为补充步骤，以色列教育部门为极端正统派学生设立了奖学金和学费贷款项目。截至 2020 年，约 2000 名学生参加了该项目。

从 2010 年到 2020 年，以色列高等教育的预算增加了 30 亿新谢克尔左右（约人民币 57 亿元），增长了 44%。这些年来增加的预算大部分用于招聘学术人员（增加 54%）、增加特定人群接受高等教育的机会（增加约 250%）和研究经费（增加 43%）。

正在祈祷的以色列极端正统派，图片提供者：Sandro-Gonzalez

创意兴国：以色列大学教育中的特色教育

以色列大学教育体系的愿景是实现卓越的教学和研究，处于全球科学的前沿，使每名以色列学生都能够充分接受良好的大学教育，以满足以色列社会对于人才的需求。以色列的教育者们认为高等教育机构必须拥有学术自由原则以及独立管理和自主招生等权力。大学教育的哲学基础是平等、学术自由、多元主义和尊重人的尊严等基本价值观。因此，以色列的大学一直以来向所有符合录取标准的学生开放，不会基于种族、宗教、性别、年龄等原因将一些特定群体排除出教育的大门之外，从而体现了以色列大学教育体系中最重要的一个基本原则——平等原则。而让以色列成为一个教育强国，除了平等原则外，以色列大学教育中的特色教育同样功不可没，主要有道德教育、国防教育和创业教育。

贯穿始终的道德教育

犹太人历来重视勤俭、廉洁等道德品质，其经典《圣经·旧约》多次提到了犹太祖先的廉洁。比如《尼希米记》记录了尼希米的廉洁，"自从我奉派作犹大地的省长，就是从亚达薛西王二十年，直到三十二年，共十二年之久，我与我弟兄都没有吃省长的俸禄……我并不要省长的俸禄，因为百姓服役甚重"。

　　以色列教育部门认为大学生是国家人才储备的重要来源，他们的廉洁意识和思想道德如何会直接影响今后以色列社会的稳定，所以以色列的大学较为重视廉洁、勤俭和诚信等优秀品质的教育，并将这些优秀品格的培养渗透进大学教育之中。

　　首先，高校加强对学生进行《圣经·旧约》《塔木德》等经典的教育。如同中国的国学教育，以色列大学定期对学生开展经典教育和律法学习，甚至律法教育和经典教育在一些高校是必修内容。《圣经·旧约》《塔木德》等犹太经典是犹太人几千年来智慧的结晶，其内容大部分是为了约束犹太人的道德行为。以色列大学正是通过加强学生对这些犹太经典的学习而达到其渗透道德教育的目的。每周安息日或宗教节日，大部分以色列学生都要去犹太会堂诵读经卷。每次在会堂朗诵"五经"一段，依顺序而读，一年读完。每一周诵段又分为七个小段，分别专论一个问题。平时早晨、中午、晚上他们都要自己诵读犹太教典。

正在研习《塔木德》的以色列学生，图片提供者：Menachem Weinreb

其次，以色列大学生道德教育的实施主体更具社会性。以色列学分制实行得比较彻底，一般学生学完本科课程要 2 ~ 5 年的时间。由于学费比较昂贵（每年的学费约 3000 美元），加上以色列大学生普遍不愿依赖父母，所以以色列绝大部分大学生自愿半工半读完成学业。而学校对于品德优异、勤工俭学的学生又会适当给予照顾。

从效果来看，以色列大学的道德教育还是很成功的。目前以色列的社会保障制度比较健全，医疗保险和社会救济都比较到位，社会廉洁度较高，贪污腐化的现象较少，以色列的商业活动中也较少有欺骗消费者或是一些商业欺诈的行为出现。这些显然都与以色列大学的道德教育密不可分。以色列对道德教育的投入比较大，不仅仅在大学，以色列从幼儿园到小学、中学都有道德教育，甚至连服兵役的军人在部队也会开展道德教育。经过道德教育，以色列大学生的独立意识也比较强，能够体谅父母的辛苦，18 岁以后就离开父母到外租房生活，一般不再和父母要生活费。

特色鲜明的国防教育

以色列国土面积狭小，资源匮乏，自建国以来就与阿拉伯国家矛盾重重，长期敌对，战火不断。然而在这样恶劣的外部条件下，以色列不仅站稳了脚跟，还成了区域性强国，不禁为人所叹服。这一方面与部分西方国家的支持不无关系，另一方面也与以色列高度重视国防建设息息相关。以色列将国防教育放在民族责任意识教育的首位，目前已形成了一套独特而成功的模式。

以色列大学的国防教育以"犹太复国主义"和"爱国主义"为核心内容。"犹太复国主义"是指导以色列建国的重要思想。其核心理念认为，犹太人是具有相同的历史、文化和传统的民族，流散数千年至今受尽苦头，因此重新回到巴勒斯坦重建自己的家园是每个犹太人的使命，这也要求所有的犹太人都要为民族负责、为国家负责。

以色列大学就经常会对学生开设爱国主义教育的课程，带领学生参观大屠杀纪念馆、马萨达要塞、基布兹等地。通过展示数千年来犹

以色列爱国教育景点——马萨达要塞，图片提供者：Robert Bye

太人流散世界各地遭受的苦难经历以及建设家园的艰辛，以色列把爱国主义情怀作为最重要的内容予以突出并渗透进学生的心里。

　　除此之外，以色列的大学每年还会请国防军的官兵来校园里为学生们演讲，和学生们互动，把爱国主义教育与"国土观念"紧密结合起来，让学生认识到"战败即亡国"的道理，提醒每一个以色列学生"以色列的土地是犹太人的，这是记录在圣经中的话语，除此之外我们没有任何别的地方可去""世界上只有一个犹太人的国家""每时每刻都不要忘记维护以色列的安全是每个犹太人的重要使命，因为它涉及的不仅仅是主权和边界的问题，而且是最根本的生存问题，是所有犹太人能否生存的问题"。这些思想不断地灌输进每一个以色列学生心中，增强了他们对国家及政治活动的责任感，强化了他们与国家之间的紧密联系，产生了对国家的忠诚，坚定了为国家安全不惜牺牲自身的奉献决心。

　　不仅仅在大学，犹太人从小就会接收以复国主义为主导的爱国主义教育，保家卫国的思想在以色列人的意识里根深蒂固。在以色列，从小学开始，学校就组织学生"用脚去认识以色列"，老师带领学生走遍以色列的东西南北，从约旦河到地中海岸，从海法到埃特拉，学生们还会在边境地区参观以色列修建的观察哨，瞭望对面的阿拉伯地区，从而加深对国家所处的艰难环境的了解。男孩到了13岁时，家人都要为其举行成人礼，成人礼最重要的一项是会得到父母赠送的一支枪，这代表了他们已到了可以为国捐躯的年龄。犹太青年在举办婚礼时，新郎除了给新娘戴上婚戒外，还要摔碎一只杯子，代表不会忘了民族所受的耻辱。以色列人这种强烈的国土观念、责任意识和民族忧患意识已经深深地烙刻在骨髓里，犹太复国主义的教育就像一条强力纽带，通过对学生进行教育，把每个学生的命运同国家紧密联系在一起，形成了以色列民族的强烈个性和强大的凝聚力。

以色列大学国防教育的另一项主要内容就是积极与军方合作，承揽军工科技研究项目，将知识转化为国防力，并且有些项目会允许一些学生直接参与研究，以达到国防教育的目的。

目前，以色列已拥有完整的军事工业生产体系，整个国家从事军工产业的人数达到60万人。以色列的军工产值占到其工业总产值的一半以上，在全世界名列前茅。但在几十年前，这一比例还不到20%。目前，以色列自主研发生产的武器装备达1000多种；陆军武器包括全部的步兵武器（自给率超过95%），各种门类、各种口径的火炮及弹药；空军武器包括先进的作战飞机、各种机载电子设备、常规炸弹及先进的空空、空地导弹；海军武器包括潜艇、大型舰船以及各种功能的小型舰船和先进的舰艇、舰空、舰岸导弹。以色列武器出口世界十几个国家，国际军贸出口额位居世界前十位。这些成果与以色列大学的贡献以及国防教育意识密不可分。

其实，以色列的大学对国防事业的贡献由来已久。在以色列建国初期与阿拉伯军队的较量中，在军队数量、预备役数量、武器装备的总量、战略物资的储备、后方物资供应等方面处于绝对劣势的以色列军队，往往能够顶住来自阿拉伯军方的攻势，并且一次次地上演以少胜多的战例。以色列开国总理本-古里安说："犹太民族的全部历史用一句话来概括就是质量胜过数量。"如果对一些战场的数据进行分析，我们会发现，阿以双方参战人员的受教育程度，特别是高等教育对军事所提供的支持的差距，就会凸显出来。以大学为代表的以色列高等教育机构与军界和政界保持着密切而广泛的合作，其贡献主要集中在以下几个方面。第一，工程和自然科学方面。武器的研制和改进，零部件的制造，从复杂的电子元件到飞行器的研制和制造，大学的实验室扮演了重要的角色。从某种意义上说，历次中东战争与其说阿拉伯国家是失败在战场上，不如说是失败在大学的实验室里。第二，军事教育方面。军事斗争局势的瞬息万变，要求以最快的速度把最新信息传达给军事人员，以色列的高等教育机构的专家学者承担起了信息的收集、整理、研究以及编制军事教育课题项目的任务。第三，心理咨询方面。一方面，专家学者负责对人力资源的评估和分配设计，以提供决策依据，供决策部门咨询参考；另一方面，针对时刻面对战争和恐怖袭击的威胁，以及历次战争给以色列家庭和社会造成的精神创伤，特别是那些伤残人员和失去亲人的家庭，以色列的专家学者负责研究和实施心理咨询和疏导。第四，中东研究方面。一部分社会人文学科的专家展开对中东问题的研究，为民族和国家的生存和发展提供智力服务。

成熟发达的创业教育

在经济全球化背景下，创新创业活动成为各国提高经济实力的关键动力之一，而以色列之所以能创造出世界瞩目的经济奇迹，与其成熟发达的创新创业教育密不可分。以以色列理工学院为首的一大批高校更是在政府的大力支持下，建立了完善的"创业教育生态系统"，为以色列培养出大批创新创业型人才。

"创业生态系统"在 2001 年被首次提出，到了 2005 年就被应用到了高校的创业教育领域，这就有了后来邓恩所提出的"创业教育生态系统"的说法。自此开始创业教育受到了世界各地的广泛重视，许多国家开始对其展开研究和探索，希望能够推动本国创业教育的发展，其中以色列的创业教育取得了引人注目的成就。

事实上，早在 20 世纪 90 年代，由于大量的移民迁入，国内就业压力增大，以色列政府就开始考虑以创新创业缓解国内就业压力的战略，想要通过培养大量的创业型人才，建立众多高质量企业，从而形成一个包含政府、高校、企业等多个子系统的创业教育生态系统。这个创业教育生态系统的各子系统之间相互联系，密切协作。以高等院校为依托，借助犹太人自身的民族文化优势，坚持政府引导、高校主导的创新发展模式，有序推进了以色列的经济发展成效。

首先，以色列政府设置了科技创新委员会、以色列创新局等一批专门负责创新创业教育的机构，为本国的创业教育提供资金和管理方面的支持。另外，又先后出台了《以色列高等教育法》（Israel Higher Education Law）、《资本投资鼓励法》（Capital Investment Incentive Act）等相关法律法规，为本国创新创业教育指引方向保驾护航。

其次，以色列政府给予各大具有创新创业教育的高校诸多自主权。由此，这些高校在政府的支持下得以放开手脚，许多大学都纷纷成立了校属企业和创业产业园。各高校之间还频繁进行交流与合作，互相交换经验，促进本校创业教育的快速发展。另外，各大高校也积极与当地中小学开展合作，为以色列的下一代培养创新创业的土壤，为创新创业教育的高速发展注入新的活力。

对于以色列的创业教育而言，微观层面的大学创业教育培养系统至关重要，直接关乎整个社会创业教育机制的形成。

首先，在人才培养目标上，以色列的大学坚持采用实用主义的理念，旨在培养出具有创业精神和创业能力的实干型人才。所以，各个高校在实际的培养过程中明确了培养方向，注重对学生创业意识和创业精神的培养。

其次，在课程体系上，一些大学为了开发学生的创新思维和创业意识，开设了一系列与此相关的必修和选修课程，如"创业与知识产权""组织创新管理"等，规定每门课有 2 个学分，成绩合格之后才能拿到学分。除课程外，学校还专门设计了相关的创新项目活动，以增加学生的创新创业的实践经验。

最后，在师资队伍建设方面，学校建立教师创业激励制度，对于展开相应的创业教育实践活动（企业岗位实践、模拟公司实训等）的教师给予表扬和奖励，以鼓励教师更好地从事创业教育课程开发和教学实践。

正在接受网上创业教育的以色列学生，图片提供者：Robert Bye

在困境中寻找出路：以色列阿拉伯人的大学教育

不同的学者、作者和记者使用不同的术语来指代以色列境内的阿拉伯公民，如"以色列阿拉伯人""以色列巴勒斯坦人""生活在绿线内的巴勒斯坦人"等。

居住在以色列的巴勒斯坦阿拉伯少数民族（PAMI）是一个具有独特特点的少数民族。在以色列建国之前，他们在巴勒斯坦授权领土上占多数。由于大量巴勒斯坦阿拉伯人的外逃，他们在一夜之间成了这个新国家的少数民族。

1948 年的战争对生活在英国托管巴勒斯坦地区的阿拉伯人来说是灾难性的。他们中的大多数人或逃离或被流放，到 1949 年，只有一部分人留在新成立的以色列国。超过一半的阿拉伯人失去了他们的家园和财产，成为难民。后来，虽然以色列与周边阿拉伯国家达成停火协议，但是战争仍然影响了这些留在以色列生活的巴勒斯坦人。留在新国家的少数民族经历了艰难的社会、政治和经济时期。

由于战争和歧视性政策，大多数的以色列阿拉伯人居住在城市的边缘地区，且以从事农业生产为主，所以他们的大学教育发展较晚，而且起点较低。在 1957 年，整个以色列接受大学教育的阿拉伯学生只有 45 人，其中 28 人信仰伊斯兰教，12 名信仰基督教，还有 5 名是德鲁兹人，这 45 人全部在希伯来大学就读。到了 20 世纪 70 年代，以

正在逛街的阿拉伯妇女，图片提供者：Levi Meir Clancy

色列阿拉伯人的大学教育水平依旧很低，1972 年的一份调查报告显示，当时每 10 万以色列阿拉伯人中，进入大学学习的人数不超过 300 人，这个数据远低于同期的犹太人水平，甚至比约旦的大学入学率还要低得多，因为当时在约旦，每 10 万阿拉伯人中能够进入大学的有 3000 人。

到了 20 世纪 80 年代，这一情况得以改善，阿拉伯大学生增长的速度较为明显，到了 1985 年，大约有 4000 名阿拉伯大学生接受大学教育，这一数字占到了全国大学生人数的 6.5%。究其原因，一方面这与以色列实行的军事管制的废除有关，军事管制的废除使阿拉伯人可以行动自由，从而方便其外出求学。另一方面，这一时期阿拉伯基础教育得到了很大的改善，许多阿拉伯学生在中学毕业后能够考入以色列的大学。当然，还有最后一个因素，此时的阿拉伯人已经从心理上接受了以色列建国这个事实，也接受了自己生活在这个国家的事实，所以想要更好地在这个国家生活，提高阿拉伯人的整体地位，接受大学教育是必经之路。此外，海法大学的建立为这些人口相对集中在以色列北部地区的阿拉伯人提供了便捷，特别是对于阿拉伯女性来说，近距离的大学可以让她们不用住在学校或者在外面租房，这使得这些阿拉伯保守家庭可以放心地送他们的女儿上学。

到了 90 年代，阿拉伯大学生的入学比例经过短暂的下降后又快速增加。从 1990 年到 2001 年的 10 年间，在以色列大学的阿拉伯学生比例增加了 2.2 倍。阿拉伯学生的高中毕业率由过去的 22% 上升到 38%。根据以色列官方统计，2000 年至 2004 年，以色列各大高校中阿拉伯学生比例一直维持在 9.8% ~ 10.7%；从 2004 年至 2011 年，这一比例维持在 10.7% ~ 11.8% 之间；到了 2015 年，这一比例又增长到了 14.4%。在研究生教育方面，阿拉伯学生占的比例也有所提高，其中硕士研究生比例从 2000 年的 3.6% 上升到了 2015 年的 10.5%，而博士研究生的比例从 2000 年的 2.8% 上升到了 2015 年的 5.9%。

以色列阿拉伯人的教育现状

目前，以色列的阿拉伯大学生广泛分布在以色列的 7 所大学及众多地区学院中，其中海法大学最受以色列阿拉伯人欢迎，海法大学的阿拉伯学生占到了以色列阿拉伯大学生总人数的32.5%。主要原因还是海法大学独特的地理位置以及海法市阿犹混居的风格吸引了众多的阿拉伯学生前来求学。阿拉伯学生的第二选择是以色列理工大学，占以色列阿拉伯大学生总人数的16.9%，接下来是希伯来大学和特拉维夫大学，分别有11.6%和9.8%的阿拉伯学生在那里就读。本－古里安大学和巴伊兰大学是阿拉伯学生最后的选择，尤其是在宗教氛围较为浓厚的巴伊兰大学，阿拉伯学生最少，仅占全校学生总数的3.5%。

阿拉伯大学生在其数量不断增加的同时，学习的可选择性也变得多样化。希伯来大学曾经做过一个调查，在20世纪60年代，该校的阿拉伯学生基本上都选择文科专业，选择自然科学的阿拉伯学生只有不到7%。今天，选择人文科学专业的阿拉伯学生下降到了40%，而选择自然科学专业的阿拉伯学生有了大幅度的增加。

阿拉伯人内部，不同宗教信仰的人口接受高等教育的情况也不同。其中，信仰基督教的阿拉伯人应该是最积极接受高等教育的群体。阿拉伯人中信仰基督教的只占阿拉伯人口的13.6%，但是在阿拉伯大学生中，基督徒占39%，而在硕士和博士中，基督徒的比例更是大到了57%。接受高等教育情况较为一般的是穆斯林群体，穆斯林是以色列阿拉伯人中第一大宗教团体，信仰伊斯兰教的阿拉伯人占到了以色列阿拉伯总人口的76.8%，但是在阿拉伯大学生中，穆斯林人口只占了57%。排名最后的是德鲁兹人，他们占全国阿拉伯总人口的9.6%，但是上大学的只有3.9%。

随着以色列阿拉伯社会的不断发展，阿拉伯女子接受大学教育的人数也在不断增加，而且超过了男生数量。目前，全以色列的阿拉伯大学生中，女生的比例一直稳定在67.2%，而硕士研究生中女生的比例占71%。

在专业选择方面，多年来，阿拉伯学生大多选择学习人文和社会科学，原因很简单，因为这些学科更容易学习，不需要特别高的学习门槛。其次被经常选择的是医学和辅助医学学科，这些专业的实用性较强，毕业后容易找工作，能快速改善家庭条件。阿拉伯学生的社会和地理背景在他们的学科选择中扮演着重要的角色，所以总的来说，阿拉伯学生选择的职业可以帮助他们就业，增加他们在当地劳动力市场的收入，从而更好地融入社会。

　　然而，如前所述，阿拉伯毕业生进入以色列劳动力市场的机会往往受到限制（比如安全要求或工作场所的地理位置），所以他们的职业选择通常是功能性的，往往选择那些能让他们快速融入的工作，以获得尽可能高的报酬，或者能让他们独立工作而不依赖劳动力市场的偏好。在当地劳动力市场提供的选择很少的时期，他们主要选择教育行业。这有时会导致对阿拉伯社区有限的教学职位，特别是高级职位的激烈竞争。因此，阿拉伯社区政府也只能为其他学科的大学毕业生提供有限的就业机会。

　　在世界各地，来自少数群体的学生对医学的学习有强烈的偏好，这是一个享有很高声望的职业。大部分阿拉伯学生获得高等教育的学位不是作为构建其国家发展的社会或政治工具，而是为了向上层社会流动，阿拉伯的男学生学医的比例高于女学生，阿拉伯基督徒学生学习医学的比例高于德鲁兹或穆斯林学生。

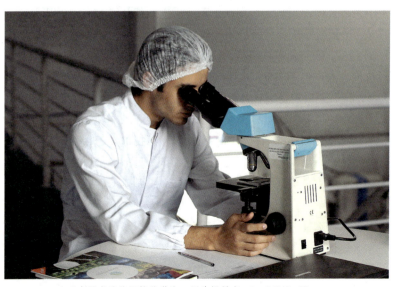

正在做实验的阿拉伯学生，图片提供者：Levi Meir Clancy

根据中央统计局的数据，2011 年，9.3% 的以色列高等教育学生毕业于非大学学术机构，如学术学院、教师教育学院和开放大学。截至 2011 年底，以色列所有高等教育机构大学、学术学院和师范学院的阿拉伯学生人数上升到 30533 人，其中在大学的就有 13360 名阿拉伯学生。2011—2012 年，阿拉伯学生的比例升至 11%。2012 年底，中央统计局报告显示，阿拉伯学生比前一年增长了近 10%，在以色列所有高等教育机构中，包括在开放大学学习的阿拉伯学生人数达到 37570 人。

阿拉伯学生面临的大学教育困境及政府改善措施

长期以来，由于结构性障碍，以色列的阿拉伯学生在接受大学教育方面面临着一些困境，其主要表现为入学录取比例较低以及就业困难等问题，随着以色列政府推出的一系列改善措施，以色列阿拉伯学生逐步走出困境。

（一）阿拉伯学生在以色列大学教育中的常见问题

1. 基础教育落后

一般来说，在以色列的基础教育中，阿拉伯人和犹太人是分开学习的。对阿拉伯人和犹太人教育体系的成就水平进行比较，可以发现阿拉伯教育体系在教育成果等方面与犹太人存在着不小的差距。从小学开始，阿拉伯教育系统中学生成绩较低明显反映了阿拉伯教育系统的缺陷，而在初中和高中也发现了类似的差距，阿拉伯教育系统中各个层次的高辍学率加剧了对阿拉伯社会的不利影响。为了让学生顺利获得大学入学资格，阿拉伯高中教育几乎只专注于提高学生的成绩，忽视了对教育质量的要求。这是一种被描述为促进"分数经济"的教育系统，它在很大程度上未能兼顾到价值观教育和道德教育。

阿拉伯基础教育的落后主要是受资源配置不均衡的影响。首先，阿拉伯学校长期以来资金不足，影响了其发展。自建国以来，与犹太学校相比，阿拉伯学校一直资金不足，学校的各种硬件设施一直跟不上学校教育的需求，不是缺少教室、缺少桌椅板凳，就是缺少现代化的教学工具等。其次，教育课时分配短缺，导致阿拉伯学生受教育时间减少。目前阿拉伯学生的数量在不断增加，已占到以色列学生总数的 28.2%，但是阿拉伯学生整体的课时分配没有增加，比如每个阿拉伯初中生分配的课时是 1.63 学时，每个阿拉伯高中生分配的课时是 1.93 学时。

由于基础教育落后，许多阿拉伯学校的毕业生无法获得足够高的入学成绩，被挡在了大学门外；阿拉伯学生在高中毕业后达到大学入学要求的比例仅为 30.8%，相比之下，犹太学生的比例为 75.9%。在心理测量测试结果中，阿拉伯学生和犹太学生之间存在明显的 123～126 分的差距，这种差距在进入大学后继续扩大。有报告显示，进入大学后，阿拉伯学生的学士学位课程成绩比犹太学生低 78.2%。

2. 心理测试成绩不佳

以色列仍然是世界上为数不多将心理测试作为大学入学考试项目的国家之一，而且心理测试成绩往往比学生的入学考试成绩更重要。对于在心理测试中成绩不高的阿拉伯学生来说，很有可能被大学拒绝入学，他们申请的各主要学科的拒绝率为 46.5%。

通常，阿拉伯学生的平均心理测试成绩比犹太学生低 123～126 分（满分 800 分）。因此，许多阿拉伯学生不能选择他们喜欢的专业，这也是他们无法在该领域进行深入研究的原因，因为他们没有兴趣。

阿拉伯学生的心理测试成绩不佳，原因总结起来有两方面。首先是语言差异。海法大学的拉菲克·易卜拉欣教授（Rafiq Ibrahim）对此有过研究，引起了当地媒体的强烈反应。他的研究结果表明，希伯来语和阿拉伯语在有效阅读文本方面存在显著差异。在阿拉伯语中，有口头和书面两种语言形式，它们之间的差距是很大的。在某种程度上，书面语言的习得可以被视为第二语言的习得，而且这可能会影响语言习得的基本语言机制。而心理测量测试规定了有限的思考时间，这使阿拉伯学生处于不利地位。其次是经济问题。由于阿拉伯学生普遍不富裕，他们承担不起专门为提高学生心理测试成绩的专项训练课程的费用（每门课程大约 1500 美元）。那些完成课程的人的成绩比那些没有参加任何心理测量测试的预备课程的人平均高出 136 分，课程学习显然提供了优势。

所以，心理测量测试被视为阿拉伯学生接受大学教育的主要障碍，那些有声望的、热门的专业基本都对心理测量测试中的成绩有较高要求，而阿拉伯学生因为心理测试成绩不佳不得不学习那些冷门专业，这样一来也导致了阿拉伯学生的高辍学率。

以色列的大学目前将心理测试结果与入学考试结果进行综合计算，以评估申请者未来的学业成就。一些研究认为，心理测量测试是一种文化偏见的评估工具，它不能恰当地评估具有不同文化和语言的少数民族的能力，此外，心理测量测试没有考虑动机因素，而动机因素通常被认为是计算学生在大学中成功的概率的决定性因素。以色列学者已经证明，心理测量测试的预测能力的准确性为 43%，入学考试的预测能力为 37%，两种工具结合使用的预测能力为 55%。对于大学申请者来说，这似乎表明，目前的录取方法未能准确预测 45% 的大学申请者的成功。

正在进行的入学考试，图片提供者：刘山明

3. 年龄门槛

在以色列的大学，像医学等一些专业的招生最低年龄要求为 21 岁，理由是医学等学科的学习需要学生达到相对成熟的年纪。对于犹太学生来说，这正好与他们完成兵役后的年龄相吻合（少数民族成员也自愿服兵役），他们 18 岁参军，21 岁正好结束兵役。所以，对于犹太学生来说，这个年龄门槛并不构成困难，有些人甚至在 18 岁时就开始了他们的医学研究，这是他们服兵役的一部分。然而，一些专业的最低年龄要求（20 岁）影响了阿拉伯学生和正统犹太学生（这两类人都不用强制服兵役，尽管有些人是自愿的）接受大学教育。某些学科的年龄门槛迫使他们延长高中学业。不服兵役的阿拉伯学生认为，年龄门槛是高中毕业后进入大学的障碍之一，于是这导致他们在以色列之外寻求大学教育。这项政策对想要求学的阿拉伯女性来说更为不利，因为她们通常比犹太女性结婚早（平均年龄为 20.2 岁，而犹太女性为 25.4 岁）。穆斯林女性生育年龄通常更早，生育率高于犹太女性，平均生育 3.32 个孩子，而犹太女性平均生育 2.95 个孩子。然而，由于文化规范限制阿拉伯女性到离家很远的地方独立生活，所以阿拉伯女性想要越过大学录取年龄门槛出国求学几乎是不可能的事情。因此，年龄门槛是阻碍阿拉伯学生进入大学的困难之一。

4. 语言和文化障碍

由于以色列大学的教学语言是希伯来语，这对于阿拉伯学生的学习来说增添了不少困难。特别是在大一刚入学时，因为语言问题，许多阿拉伯学生往往跟不上课程的进度。他们需要一边学习专业课程一边学习语言，而这些语言也构成了他们的第二或第三语言。然而，阿拉伯学生，尤其是阿拉伯女生的主要障碍是文化障碍。在以色列大学校园的学习使阿拉伯女生接触到了她们平时在家乡社区接触不到的不同民族和异性。研究表明，以色列大学的校园生活对一些阿拉伯女性来说可能构成一种"文化冲击"，这些阿拉伯女生可能会体验到一种疏离感。

（二）以色列政府改善以色列阿拉伯人高等教育的措施

针对以色列阿拉伯人的教育情况，近年来，在国内的一批高级知识分子和一些政府官员的呼吁下，政府不得不做出一些改变。其中最有代表性的一项举措就是以色列高等教育委员会推出的"六年计划"。所谓的"六年计划"是一项旨在促进阿拉伯年轻人接受高等教育的长期性战略计划。根据计划，以色列高等教育委员会的下辖机构计划与预算委员会同以色列财政部于 2011 年签署了协议。协议规定以色列政府将拿出 3.05 亿新谢克尔用于帮助阿拉伯学生完成高等教育。这项计划覆盖的范围从高中到大学，具体内容如下：

在中学阶段，高等教育委员会计划与预算委员会拿出经费在阿拉伯社区建立咨询中心，帮助阿拉伯中学生改善教育情况，为他们提供集体和个人的学习辅导，设立高考培训班、英语培训班和希伯来语培训班。

预科学习是为帮助阿拉伯学生适应今后的大学学习生活而设立的，包括对阿拉伯学生进行语言培训，但是预科学习的费用较高，很多阿拉伯学生无法承担。"六年计划"中的一个重要内容就是拿出一部分资金用于帮助阿拉伯学生参加预科学习，而且参加预科学习的阿拉伯学生还有机会得到奖学金。其他多种支持项目包括但不限于免去高考补习班学费、个人辅导费，补贴交通和宿舍费用等，另外将规划专门资金用于宣传预科学习的重要性和必要性。

在大学阶段，开学一个月之前，阿拉伯学生可以参加由"六年计划"资助的强化准备课程，学生在这一个月中可以得到基本学习技巧的培训，包括希伯来语写作等。阿拉伯学生还将受到特别辅导，减轻他们从阿拉伯教育体系过渡到高等学府的不适应感和心理压力。在第一学年内，阿拉伯学生将享受一系列校园服务，包括学术和文化讲座、集体及个人指导、希伯来语写作及语法培训等。

在就业及毕业跟踪服务方面，由高校委员会拨给各所高校一笔款项，主要用于阿拉伯大学生的就业指导工作。指导的对象主要是即将毕业的阿拉伯学生，内容是就业前指导课程，包括面试技巧、简历写作、招聘会等。对于特别优秀的阿拉伯学生，计划与预算委员会设立了专项奖学金鼓励他们继续深造，每年有 25 个硕士全额奖学金，14 个博士全额奖学金，以及 25 个博士后奖学金。为了鼓励高校吸收阿拉伯教学科研工作者，以色列政府设立了卡汉诺夫基金会（Kahanoff Foundation），为雇佣阿拉伯教职人员的高校提供资金。

在资助方面，以色列的高等教育委员会专门为以色列公立大学的阿拉伯学生设立了补贴基金，到目前为止，以色列大学仍然可以在原有名额的范围内招收阿拉伯学生，这一举措增加了阿拉伯学生进入大学的可能性。

从目前的结果来看，该政策还是有效果的。有关数据显示，阿拉伯学生在以色列大学中的入学比例从 2012 年的 12.4% 上升到 2014 年的 13.1%，再到 2015 年的 14.1%，表明至少阿拉伯大学生的入学增长量是有明显增加的。

值得说明的是，这些措施并非以色列高等教育委员会原创，有很多是高教委员会借鉴了一些大学或者是一些其他机构的项目而发起的。其中有以色列理工大学 2006 年实施的 NAAM（杰出阿拉伯青年）项目，该项目的目标就是鼓励阿拉伯优秀青年学生报考以色列理工大学的科学专业和工程专业。后来又推出了一个"首年计划"，该计划为一些大学提供资金，让学校在第一学年开始之前就向阿拉伯学生提供为期 5 周的预热课程，教授希伯来语、英语和数学等课程。这一计划得到了很好的反馈，第二年阿拉伯学生的退学率就下降了 10 个百分点。还有希伯来大学在 2008 年实施的"阿拉伯学生平等项目"，旨在为阿拉伯学生进入希伯来大学提供平等机会。另外，本－古里安大学的"沙漠花苞计划"也是重点参考的项目之一。"沙漠花苞计划"由卡汉诺夫基金会资助，其前身是已经实施了 15 年的"沙漠医学花苞计划"，在本计划的基础上又增加了"沙漠人文科学花苞计划"以及"沙漠自然科学花苞计划"，这两个计划主要服务的对象是贝都因人，目的是让那些高考成绩不达标的贝都因人能够进入本－古里安大学学习。在大学一年级时期，他们会得到各种培训和帮助，大一结束时，如果考试成绩均分能够达到 75 分以上，就可以开始第二年的学习。这一项目使以色列高等教育委员会将这些地方高校以及组织机构的政策上升到了政府层面，涉及的面更广，反响也更好。

以色列大学教育的国际化

以色列历来以"教育强国"作为其主导政策，尤其看重大学教育的发展，而大学教育国际化作为高等教育发展趋势之一，对于提升本国高等教育发展水平、推动国民经济与社会发展有重要意义。以色列大学教育国际化经历了萌芽时期、形成和初步发展时期以及深入发展时期三个阶段，最终形成内容丰富、体系完备、特色鲜明的"以色列模式"。

以色列大学教育国际化的原因

推动以色列实施大学教育国际化的原因很多，主要包括经济因素、文化因素和学制学位因素这三个方面。

（一）经济因素

以色列大学教育需要国际化的第一个因素就是经济，而这一因素又主要体现在劳动力市场对于国际化人才的需求。第二次世界大战后，国际经济局势发生重大的变革，总的趋势是走向全球化和一体化。任何国家都不能关起门来自己发展，尤其是以色列。作为一个面积狭小、资源匮乏且外部安全环境恶劣的中东国家，其经济的对外依赖程度很高。它常常要靠出口高新技术产品来换取石油、天然气、煤炭等资源型产品。随着国际贸易规模的不断扩大以及贸易量的持续正增长，以色列的国际化人才也越来越缺乏。而这些国际化人才需要具有国际化的思想和意识，眼界开阔，精通外语和国际事务，了解国际市场的运作规律，拥有较强的应变能力、较高的公关处理水平和熟练的谈判沟通技巧，总体来说是一种具有跨文化交流能力的复合型人才。

这种人才在以色列的各行各业都有缺口，人才需求量大且又不易获得，需要接受长期教育才能形成。作为一个移民国家，以色列从不缺乏劳动力，但是缺乏具有国际思维以及复合型才能的高素质劳动力。所以面对人才短缺、劳动力市场对此类人才的供求不平衡等问题，以色列各个大学开始展开国际化教育。一方面，开展国际化教育可以在以色列国内广泛培养具有国际化视野的复合型人才，解决新形势下以色列劳动力市场对于此种人才的需求。另一方面，开展国际化教育也是以色列大学教育适应国际形势的一种表现，这种表现将最大限度发挥出以色列大学教育的优势，改善以色列高等教育的人才培养模式，促进以色列高等教育的健康发展。

（二）文化因素

以色列建国后，受到全球化的影响，其文化也在不断向外输出，而在不同文明背景下文化的碰撞和交流，不仅是民族和国家之间相互理解互相包容的基础，也是以色列树立国家形象的必要手段。1946年，联合国教科文组织召开第一届大会，提出国家与国家之间的相互理解要通过教育的手段实现。大学作为教育和文化生产与传播的主体，承担了培养人才、研究科学、交流文化的责任。大学在某种程度上是人类文明的象征，可以超越国家政治分歧、经济纷争而存在。所以，通过高校之间进行的国际文化交流，不同文化背景的人们更容易相互接纳、相互理解。以色列建国后，从数次中东战争到阿拉伯国家的孤立与封锁，怎样才能够在中东地区乃至在世界上站稳脚跟是至关重要的问题。经过多年的摸索，以色列意识到文化输出与文化合作是改善其目前境遇的重要手段。首先，作为世界上唯一一个以犹太民族为主体

以色列大学里的国际留学生，图片提供者：Naassom Azevedo

的国家，以犹太文化为旗帜，可以增强民族凝聚力，增强国家竞争力。其次，以文化为手段，推动以色列与其他国家和民族在教育、科技、文化、艺术等方面进行交流与合作，推动犹太文化与其他文化之间相互交流、相互尊重、相互理解。

在全球化的时代，以色列的大学作为犹太文化发展和传承的温床，作为文化交流与互通的重要载体，在加强地区间文化交流与互鉴、推动多元文化融合、促进地区和平与世界和平进程等方面发挥了积极的作用。

（三）学制学位因素

以色列实施与国际接轨的学制与学位制度，为积极推进大学教育国际化进程提供了天然的优势。以色列建国后，其学制和学位制度仿照西方标准制定，学生在申请攻读本科学位之前，必须获得高中毕业文凭、通过全国统考并获得以色列高等院校入学考试合格证书和心理素质考试合格证书，并还需拥有所申请学校要求的希伯来语水平证书。在此基础上，各高校参考大学入学考试成绩和心理素质测试成绩，可自行划定录取分数线，不同专业划定的分数线也各不相同。大学本科采取学年制，一般就读年限为三年，个别专业会根据情况延长一年。大约70%的在校本科生可以在四年内拿到毕业文凭。

硕士生入学直接采用西方标准。本科毕业成绩要求达到"B"方可申请硕士学习，部分主要科目要求略高，国际学生要求有GRE和GMAT考试成绩，学制为两年。一般情况下，60%的硕士生能够在规定时间内毕业并获得硕士学位。

20世纪70年代之前，以色列大学教育模式主要采用德国的精英化模式，普遍具有重视科研、强调学术自由、注重研究生教育、预算经费支配自由度高等特点。而20世纪70年代之后，以色列高等教育模式转而采用美国的大众化模式，高等教育普及率大大增加，教育模式出现层级化和多样化特征。

以色列高等教育在学制和学位制度方面与西方国家的高度相似性，不仅方便本国学生赴海外深造，而且便于海外留学生到以色列求学，这些制度需要由高等院校通过涉外办学来实施。

目前，以色列在大学教育国际化方面积累了丰富的经验，并且有了一定成绩。总体上来看，以色列大学教育国际化从理论到实践已经形成了一套完整体系。其在政策法规的制定、国际化观念的理解、师生国际交流、国际化相关课程的设置等方面的工作，对包括我国在内的发展中国家有着重要的借鉴作用。

以色列拥有的一系列政策法规为高等教育国际化的发展提供了良好的制度保障。1998 年，以色列议会通过了《外国高校在以色列设立分校法》，即《高等教育委员会法》第 11 条修正案，2005 年又通过了《高等教育委员会法》第 12 条修正案，这些适时调整的制度，为以色列高等教育国际化的有序推进保驾护航。

以色列推进大学教育国际化的举措

（一）吸引海外留学生

以色列推进大学教育国际化的第一个重要举措就是吸引海外留学生。以色列认为大学教育国际化最重要的一方面是看一个国家能吸纳多少留学生。为了吸引海外留学生，以色列高校采取了很多措施。首先，完善奖学金制度，加大对海外留学生的奖学金投入力度；其次，加强高校的基础设施服务建设，扩大高校办学自主权；最后，提升高校的知名度与国际影响力。

（二）推动课程设置国际化

课程设置的国际化水平是检验一所高校国际化水平的重要标准，因此受到各高校的充分重视。国际课程是指课程在内容上与国际接轨，课程设计面向的是国内学生同时也面向国际学生，其目的是培养学生能够在国际背景中进行职业活动。高等院校开设国际化课程的途径主要有两种：一是提供诸多国际化课程，如国际关系、国际文化比较、国际问题研究等，以培养学生的国际意识；二是增加课程的国际性内容，在传统课程中加入国际知识和观点，加大比较文化和跨国文化内容的比重，及时将国外最先进的文化和科技成果引入课程教学。这种课程设计可以紧跟世界科技文化发展的前沿，提升学生参与国际竞争的能力。

以色列在国际课程背景下重视通识教育。在通识教育的培养方式下，学生要精通所学知识领域，要有扎实的社会和人文方面的基础知识，另外还需要具备清晰的思维和准确的表达，掌握实验、数学分析、历史文献分析等基本研究方法；有广阔的文化视野，能够理解异质文化，对伦理道德问题能做出正确的判断和选择。由此可见，通识教育的目的是要在通识课程中加强学生对国际问题的理解，形成理性的国际思维和国际合作精神。在课程设置中培养学生的国际意识，是以色列大学教育国际化重点关注的内容之一。

为了提高其国际课程的质量，保障其国际课程能够稳步实施，以色列教育部门认为必须配套相应的外语、政治、文化、历史等教育课程，否则就是隔靴搔痒。因此，以色列在普通高等院校中增开国际关系学、国际问题研究、国际政治、国际经济、国际文化研究等科目作为选修课，或列入公共基础课，作为现代大学生必须掌握的基本知识。

（三）加强国内外合作办学

以色列在国际高等教育交流与合作过程中，为了防止人才外流，采取了引进外资与专家、联合办学等方式使其具有国际交流、合作的特点，让以色列的学生可以在以色列接受国际化教育，培养国际视野，也让其他国家的学生可以学习到犹太文化。几乎各个层级的高校都建有国际交流处和国际教育学院，采取内外合作办学方式，依托国内教育机构或高等院校，以一级或二级学院的形式组织教学。这类学校在办学过程中贯彻"以我为主"的方针（个别项目可根据特殊情况申请以外方为主），经济自负盈亏，实行董事会领导下的院长负责制，主要培养国内外向型国际化人才，为以色列的经济建设服务。此类办学机构通过加强国际交流合作，引进最新原版教材、先进教学思想和方法，加之众多的外籍教师、专家所带来的各国丰富多彩的文化，都会

在海外留学的以色列学生，图片提供者：Bruce Mars

为社会培养国际化紧缺人才创造有利条件。在成功的合作院校，其学生通常具有坦诚开放、适应性强和主动进取的特点。其中最使学生受益之处是在国际化的环境中培养国际意识、掌握国际通用语言和紧跟世界潮流的专业知识。

以色列大学教育的国际化对我国的启示

在全球化背景下，任何一所大学想要谋求高质量的发展，仅靠自己的力量是很困难的，而引进国外智力是促进学校发展的重要途径之一。在这一方面，我们应该有所借鉴，应该积极地推进大学教师的国际交流，而大学教师的国际化又会成为大学教育国际化的重要载体。目前，高等院校推进师资的国际化主要有两条途径：一是本校师资的国际化培养，近年来出现的公派留学、访问学者就是很好的培养途径。二是吸引国际化师资，通过引进留学人员，以及通过联合办学吸纳合作方教师参与国内的教学等方式实现师资国际化。

我国的大学教育国际化是建立在社会主义办学方针下的国际化，是根据国情发展民族需要而推进的国际化。这些年来，我国的大学教育国际化取得了长足的发展，各个高校的海外留学生数量与日俱增，对外合作办学和对外交流项目层出不穷，我国的高等教育国际化在正确的理念指导下，通过与其他国家高等教育的交流与合作，实现提升本国高等教育质量，以及为本国、本民族服务的功能。

以色列的知识和观念培养在其大学教育国际化进程中占据了主流地位，但是我国进行大学教育国际化时应该尽量避免对外来文化过分推崇而丧失文化自信。因此，在推进高等教育走出去的同时，应考虑到中国国情有序地推进，不能简单学习国外，抛弃自己一切历史经验，消除自己的民族特色，完全排除本土化。大学教育国际化的主要目的是学习与借鉴，学习国外高等学校的教育理念、现代大学制度建设、科研机制等对我们有借鉴意义的内容。

以色列大学奖学金

　　无论对于以色列本国大学生还是国际留学生，以色列政府均提供了种类繁多、门槛却不高的奖学金，但以色列的大学对于不同学历层次的学生制定的奖学金方案还是有很大差别的。对于本科生和硕士生来说，从不提供奖学金、减免部分学费到免全部学费，从提供小额奖学金到全额奖学金，各种情况都有。而博士和博士后等高层次科研人员（包括留学生）的奖学金基本上都是全额奖学金附带生活补助，以及配套设施齐全且补贴部分房租的学生公寓。

针对本国学生的奖学金

　　对于以色列本国大学生而言，奖助学金主要有以下几种：

　　佩拉赫奖学金（PERACH），由高校管理委员会和教育部财政部共同出资创建，其奖学金覆盖范围包括所有的公立高校和一些获得认可的私立高等教育机构。根据该奖学金管理部门规定，2020年一共为20389名学生提供奖学金，其中高校管理委员会为16250名学生提供奖学金，其余由教育部、经济部等提供。另外，导师每年也能获得5200新谢克尔（约人民币9925元）的资助。该奖学金每年的总预算约为1.4亿新谢克尔（约人民币2.67亿元），其中约1.04亿新谢克尔

（约人民币 1.99 亿元）由高校管理委员会提供。

　　艾提卡学生奖学金（Attica Student Scholarship）为社会经济背景较贫困的阿拉伯学生提供学生援助，这些学生需在指定的学习领域攻读本科学位。该奖学金由高等教育委员会、总理办公室、教育部和国外慈善基金联合资助的"艾提卡"项目组成。该奖学金按学年发放，每年为 1 万新谢克尔。申请该奖学金的阿拉伯学生需要满足以下两个条件。首先，学生必须有良好的学习成绩，其次要参加社区服务活动。该项目从 2012 年开始实施，每年有 650 名阿拉伯学生获得艾提卡学生奖学金，到目前为止，已有超过 2000 名阿拉伯学生获得该奖学金。另外，该项目由一个特别指导委员会监督，委员会的成员是项目合作伙伴的代表和阿拉伯社会的公众代表，他们要保证该奖学金能够公平公正地发放。

　　综合优秀奖学金（Comprehensive Merit Scholarship）是由高校委员会为以色列高校的优秀博士生和博士后设立的，为的是能够资助他们完成学术研究。该奖学金名额较多，覆盖面较广，主要偏向于人文社科和经济学领域的博士研究生，以及来自以色列边缘地区（以色列中心以外的地区，那里是大多数工业的所在地）的博士研究生。

得知自己获得奖学金的学生，图片提供者：Priscilla Du Preez

诺曼优秀学生资助奖学金（Norman Merit Scholarship）由诺曼基金会为以色列高校的优秀学生准备，根据社会经济标准分配奖学金和助学贷款。总预算为每年 1.21 亿新谢克尔。奖学金分为三个等级，按学生的综合成绩划分。其中获得一等的学生将收到 12480 新谢克尔、二等 6240 新谢克尔、三等 4000 新谢克尔，助学贷款为 7000 新谢克尔。学生可以根据家庭经济情况申请助学贷款，一般来说，申请助学贷款的学生往往是经济条件不佳且成绩没能达到申请奖学金标准的学生群体。助学贷款没有任何利息，学生从毕业一年后开始偿还贷款，须在 36 个月内还清。

针对国外留学生的奖学金

对于国际留学生而言，奖学金也很丰厚。目前，随着经济大环境的暗淡，欧美国家这些传统的留学重地正在慢慢收缩奖学金的力度，签证发放也越来越谨慎，但是如果我们把眼光转向以色列，我们会发现，这个高等教育可以与欧美相媲美的中东国家，在奖学金提供方面力度如此之大。

当然，这也与以色列政府的政策不无关系，长期以来以色列一直要求七所研究型大学加强国际化程度，向世界打开校门，积极吸收国际留学生。尤其是从 20 世纪 90 年代以来，随着以色列科技实力的发展以及国际安全形势的好转，世界各地逐步兴起前往以色列留学的热潮。就拿中国来说，自从 1992 年与以色列建交以来，国内多所高校纷纷与以色列的七所研究型大学签订了合作交流协议，派遣留学生前往以色列学习。目前，据中国驻以色列大使馆统计，包括访问学者在内的各类中国留学人员已经达到 300 多名。以色列的中国留学生主要以博士后和博士生为主，分别占了留学总人数的 57% 和 24%，且大都分布在自然科学领域。

近年来，以色列更加注重人才培养和对外交流，无论是政府、高校还是民间基金会，都在大力推出奖学金项目，以吸引世界各地的留学生和科研人员前往以色列留学。这对于渴望获得高质量教育和全额奖学金的留学生来说，可谓是绝佳选择。

　　整体而言，以色列的大学会为来申请留学的学生提供比较充足的全额奖学金，金额因申请者的专业和学校而异，如果能申请到全额奖学金，不仅意味着可以免除学费，而且每年还能得到 6 万新谢克尔的生活补助（约合人民币 11.5 万元）。如果申请者是高级研究人员，补助有可能达到 10 万新谢克尔。此外，学校还会为留学生提供参加学术会议的经费补贴。

　　具体到地方院校，各个学校情况也不同。魏兹曼研究院要求所有的留学生全职学习，并为其提供涵盖学费和生活费的全额奖学金，其中硕士研究生的奖学金分两年发放，第一年的额度为 5 万新谢克尔（约合人民币 9.58 万元），第二年的额度为 5.75 万新谢克尔（约合人民币 11 万元）。博士奖学金分四年发放，第一年为 6.6 万新谢克尔（约合人民币 12.6 万元），第二年至第四年的金额都为 7.6 万新谢克尔（约合人民币 14.6 万元），如果出现延期毕业情况，补助最多可以延期至第五年年底，共 60 个月。

　　特拉维夫大学的犹太研究硕士项目提供全额奖学金和补助，另外，留学生也可以竞争学院奖学金以及两种以成绩为基础的奖学金（各 5000 美元，约合人民币 3.55 万元）。

　　本 - 古里安大学、以色列理工学院、魏兹曼研究所等对中国留学生格外重视，它们都设立了针对中国留学生的奖学金项目。以色列理工学院、魏兹曼研究院分别捐资 800 万美元成立了汉青国际教育基金，为中国来以色列进行自然科学研究的博士后研究人员提供生活费、学费和实验设备等。本 - 古里安大学则联合了雅各布·布劳斯坦荒漠研究所（BIDR）与以色列艾伯特卡茨国际沙漠研究学院（AKIS）共同招收中国硕士研究生，并为其提供全额奖学金名额，奖学金涵盖学费、研究费、住宿费、生活费及医疗保险费，但不包括国际旅费。申请者需要提供优异的学术成绩证明，并通过导师、学院以及研究生院推荐。申请者可以申请秋季或春季入学，整个项目按学习成绩分配奖学金，其中沙漠研究专业提供全额奖学金名额会比较多，而具体的奖学金名额也要根据当年财政情况决定。

"一带一路"下的新征程——
中以大学交流与合作

中华民族和犹太民族都曾经在历史上受到过压迫，后来通过自身不断努力走上民族复兴之路，两个民族之间的交往可以追溯到丝绸之路，曾经互相帮助，有着深厚的感情基础。

中以大学交流与合作的背景

1992 年，随着两极格局的瓦解，中以两国开始建交，但是在建交之初，两国之间的了解较少，没有形成积极的互动。2010 年之后，随着中国经济的飞速发展，这个世界第二大经济体逐渐引起了以色列的关注，双方的互动逐渐增多，联系日益加强，在经济、科技、教育等领域都有合作。2013 年，随着中国"一带一路"合作倡议的提出，以色列作为陆上"丝绸之路经济带"和"21 世纪海上丝绸之路"的重要节点，积极支持"一带一路"倡议。

以色列国土面积狭小，自然资源不足，其教育水平却不容小觑。多年来，以色列培养出了众多的诺贝尔奖获得者、科学家、企业家等。其创新能力在全世界都有目共睹，就研究成果质量和人均新创企业数量来说均排在世界第一位，在"最具创新性国家"的排名中位居第三。中国以其广阔的市场和良好的经济发展潜力已经成为以色列的全球第二大贸易伙伴。中国对创新的需要与以色列对市场的渴求形成了有效的互补。两国目前建立了"创新全面伙伴关系",随着"一带一路"倡议的提出,两国间的合作也进入了一个新篇章。以色列将发挥科技优势,利用其高等教育的资源与中国进行交流与合作,为两国"一带一路"下的合作提供培养人才。

中以大学交流与合作取得的成就

总的来说,近些年,无论是从国际环境来看,还是从中以两国各自的国情来看,两国关系进入新时期,尤其体现在经济、技术、文化交往等领域。当前,无论从以色列所处的中东地区局势看,还是从双方在多方面互补的客观现实看,中以关系正在迎来新的发展机遇。

2000 年以来,中以两国在国家层面上先后签署《中华人民共和国教育部与以色列国教育部教育合作协议》《中国国家留学基金管理委员会与以色列高等教育委员会谅解备忘录》《中以创新合作三年行动计划(2015—2017)》《中华人民共和国教育部和以色列高等教育委员会关于组建 7+7 研究性大学联盟的联合声明》等多个合作交流协议。此外,中以双方还共同建立了中以学术交流促进协会、中以创新合作联合委员会,成立中以学术校友联盟,举办大学校长论坛,合办全球创新创业会议,在中以高等教育合作系列协议的指引下,两国高等教育领域的交流日益顺畅。

以色列政府为了加强国内高校的对外交流,特意提高了国内大学招收国际学生的比例,并且鼓励大学生出国接受国际化教育,从目前的数据来看,以色列在国外接受高等教育者占 65% 以上。

目前来说,中国与以色列校际方面的交流还是相对丰富的,先后有清华大学、北京大学、中国人民大学等 30 多所高校与以色列的特拉维夫大学、希伯来大学、海法大学等 7 所高校签订了合作交流协议。2011 年,国家留学基金管理委员会与以色列巴伊兰大学签订了合作备忘录,并且对其进行了 150 万美元的投资,到了 2016 年中国又先后派出共 25 名博士后赴以色列进行自然科学的研究,中以两国高层次人才的合作培养又迈上了一个新台阶。

2013 年 5 月 2 日，首届"中以国际学术会议"在特拉维夫大学孔子学院举办，会议分别包含"中以经济与外交前景""中国文化与学问""佛教的未来"以及"以色列、中国与世界经济"四个议题。为了显示对会议的重视，中以双方均派出专家学者参会。学术会议结束后又举办了中以青年交流会，交流会活动内容丰富，展示了双方的一些传统的民间文化，此次交流共吸引了 170 多名青年参加。2014 年 11 月 18—19 日，为促进中以高端学术交流与合作，特拉维夫大学法律系和特拉维夫大学孔子学院共同主办"中以法学国际学术研讨会"，中以双方有 11 名专家和学者参与了研讨会。研讨会后，又举行了"中以法学教育圆桌会议"，双方围绕人才培养、人员交流和学术合作等议题进行了经验分享与合作研讨。

以色列方面十分重视与中国的教育合作，政府在增加两国人员交流方面起到了积极作用，其中为了争取更多中国留学人员到以色列留学，以色列高等教育委员会从 2012 年开始，以每年 4000 万新谢克尔的资金资助中国留学生，其中包括 100 名本科生、50 名硕士生和 100 名博士后。到目前为止，中国向以色列派遣留学人员和进修人员已达 3000 多人次。而以色列方面也先后选派 100 多名学生到中国交流学习，并派出 2000 名高级专家到中国从事志愿工作。

近年来，根据中华人民共和国驻以色列使馆给出的数据，中国在以色列留学人员的数量不断增加。这些留学人员中博士后和博士生、硕士生、本科生、访问学者分别占总人数的 57%、24%、18%、1%，重点分布在 7 所大学和科研院所、医疗机构等。在他们当中有 66% 的人从事自然科学研究，34% 的人从事社会科学研究，这些留学人员在学习结束后基本上回国，发展建设自己的国家。

同样，以色列也派出相当数量的留学人员来中国进行学习，其中自费留学生占 90% 以上，他们被中国悠久的历史、博大精深的文化所吸引，他们对中国的美食赞叹不已，不少学生选择了汉语、中医、经济、贸易、法律等专业，回到以色列后因为汉语流利，了解中国文化，不仅在就业方面有了很大的优势，而且也成为推动中以两国教育的合作与交流的民间使者。以色列属于创新型国家，专利发明非常丰富，但是这些专利缺乏国际市场，而中国现阶段的科技发展与以色列的情况就具有天然的互补性，因此，以色列的许多实业家、大学生希望到中国创业投资，开辟实业领域，寻求市场。

在中以合作办学方面，广东以色列理工学院是典型的案例，创办人是曾经的香港首富李嘉诚。李嘉诚在以色列的投资遍及电信、海水淡化、港口、互联网、视频科技等领域。其中较为著名的是电信品牌奥兰治公司（Orange）的卖出与回购，净赚 12.76 亿美元，被誉为"神级投资"，而其创办广东以色列理工学院的 1.3 亿美元则是出售威志（Waze）公司的投资收益。正是因为李嘉诚对以色列科技创新的了解，他才决定将以色列高等教育资源和创新机制引入中国，途径就是创办广东以色列理工学院。

对此广东省政府也积极回应，作为中国内地最早进行对外开放的省份之一，早在 2008 年，广东省政府在《珠江三角洲地区改革发展规划纲要（2008—2020 年）》中就已经提出"引进世界知名大学来粤合作办学"的主张。2013 年 4 月，广东省政府与以色列签署了广东—以色列产业研发合作协议，9 月 29 日双方谈妥，汕头大学与以色列理工学院达成一致进行合作办学，李嘉诚在签约仪式上说："缘分也许是科学还未能掌握解释的事，但只要我们大家深刻的愿望是为全人类努力，那么美好的未来，大家又何妨共建？"合作办学得到各方大力支持，办学用地方面，汕头市政府拿出 623.4 亩土地用于校园建设，接着又拿出 5000 亩的土地建立中以创新产业园。资金方面，除了李嘉诚出资的 1.3 亿美元，广东省政府与汕头市政府共出资 9 亿元人民币。报批手续方面，广东省教育厅为广东以色列理工学院的筹设开设了绿色通道，2014 年 10 月获批准之后立即上呈教育部，并在次年 4 月获得教育部批准。

合作办学是中国对外开放、学习国外先进科学技术以及教育理念的重要表现，广东以色列理工学院的成功创办不仅可以深入推进中以双方在航空技术、污水处理、现代农业、信息技术、IT、医疗、生物制药等各领域的合作，更重要的是广东以色列理工学院在产学结合一

中以文化交流的标志地点——大屠杀纪念馆，图片提供者：刘洪洁

体化方面非常先进，可以利用产业园将学校研究的成果转化为产品，提高产学研转化效率。另外，广东以色列理工学院中，至少有三分之一的以色列籍教师和研究人员，他们对于中以文化交流和教育方式的交流都起到很大作用。总而言之，广东以色列理工学院的创办，为推动国家高等院校教育改革以及创新产业发展，做好了准备。其意义不仅仅是将中以双方高等教育国际化进程推到新的高度，而且为双方日后继续合作提供了借鉴。

自2010年以来，以色列理工学院开始与中国进行校际合作，在中国招生。2013年，有18名来自中国的学生在以色列理工学院学习。随后，特拉维夫大学和本－古里安大学也开始在中国招生。2014年5月，清华大学和特拉维夫大学签署了《清华大学与特拉维夫大学创新中心协议》，协议旨在推动高校间的深度交流，打破传统的学科界限，据此协议清华大学在特拉维夫大学设立创新中心，两所学校同时建设交叉学科实验室，该中心是全球范围内探索创新的新模式的典范。同年，希伯来大学与北京大学等共同开办的以色列第二所孔子学院——希伯来大学孔子学院正式成立，标志中以两国教育与合作进入新阶段。这些孔子学院不仅推动了中国文化在以色列的传播，还加深了双方之间的交流与联系，推广了汉语教学和以色列汉学研究。

中以大学交流与合作存在的问题

目前，虽然中以双方在高等教育领域的交流与合作发展迅速，取得了很大成绩，但是也存在一些问题。

第一，双方的整体合作框架有待改善，中国与以色列高等教育合作政策缺乏系统性和整体性，尤其是在近年来，随着"一带一路"的开展，在新的国际背景和国际形势下，双方的高等教育合作机制也应该具有更加宏大的战略性，应建立与经济、文化等领域合作相配套的，具有整合性、时代性和前瞻性的战略设计。

第二，对合作人才的培养力度应该加强。目前来说，中以两国的政府虽然为双方的留学服务设立了一些奖学金，但是比起双方频繁的往来交流，这些奖学金的设置覆盖面就显得较窄，制约了双方的留学活动。尤其是以色列方面，由于设置的前往中国留学的奖学金项目较少，导致以色列赴中国高校的留学生人数较少；另外，中国方面，赴以留学人员以公派为主，但是各领域专门人才培养较匮乏，尤其缺乏精通希伯来语的人才。所以，中以双方人员合作交流、人才培养数量与结构等方面均无法满足两国在"一带一路"倡议背景下展开广泛合作的人才需求。

第三，高校和企业的合作方式有待探索。大学是研究创新合作的主要力量，而在中国和以色列的合作研究平台中，双方大学参与较少，大学与企业的联合产业园也较少，大规模的科技园区更少，这样就很难使科研成果进行很好的成品转化，不利于产学研用一体化的发展模式。

第四，创新教育合作相对薄弱。中以两国在创新合作发展的过程中有着很好的合作，但是在创新创业教育方面显然还缺乏一定经验。主要表现在，两国在创新创业教育方面合作的规模和资源无法满足日益增长的人才需求，在学科专业建设、课程改革、人才培养等方面缺乏实质性合作。

卡尔·马克思说犹太民族是一个"早熟的民族"，促使犹太民族"早熟"的重要手段之一就是教育；以色列第一任总理本－古里安也说过："如果要让我用最简单的语言描述犹太历史的基本内容，我就用这么几个字：质量胜过数量，而实现质量胜过数量的手段是教育。"

犹太民族经过数千年的流散，在长期的文化积淀中形成了自己独特的教育传统。受这种教育传统的影响，犹太人重视教育，尤其是大学教育。犹太人在建国之前就开始发展大学教育，当时以爱因斯坦、魏兹曼为代表的一群犹太知识分子同时吸收了德国的办学模式和英美的办学理念，又结合了传统的犹太文化，形成了独具特色的以色列大学教育体系。建国后，以色列政府不遗余力地支持大学教育，不惜每年拿出大量的资金用于以色列大学的建设以及科学研究的投入。

从总体上来看，以色列的大学教育是成功的，短短数十年以色列就从一个在中东地区曾经风雨飘摇的小国崛起为今日享誉世界的"科技强国""创新强国"，并以现代农业、现代科技这些词被人们熟知，这些都得益于以色列成功的大学教育。而其成功的原因，笔者认为不外乎两点。一是大学自治与国家管理相结合。以色列并未像西方那样，完全放任大学自治。而是在 1958 年就通过《高等教育理事会法》，运用立法手段获得国家对大学教育的最终管理权，但是在具体的管理方面，继续保持建国前的大学自治和学术自由传统。这样一来，以色列的大学既有充分的发展空间又有充足的资金保障，其结果也就不言自明。二是犹太人热爱学习的精神特质，犹太人对教育的重视、对学习的热爱是发自内心的，并非被外部环境所诱导。犹太大学生展开的科学研究基本都是基于兴趣，而不带任何功利性目的，这也是以色列大学教育能够频出诺贝尔奖得主的原因。

目前，在"一带一路"倡议背景下，中以两国不断加强交流与合作，其中在大学教育方面的合作也是如火如荼地开展，双方不仅互派留学生、合作办学，还多次开展高层战略对话。中国也希望通过与以色列高校的交流与合作，能够对我国的高等教育发展起到一定的借鉴和启示作用。

参考文献

（一）外文专著

[1] Aharon, F. Klenberger, Society School and Progress in Israel, Pergamon Press, 1965.

[2] Back, K. & Davis, D., Strategies for Internationalisation of Higher Education. Amsterdam: EAIE, Internationalisation of higher education in Australia Press, 1995.

[3] Chaim Bermant, New Nations and Peoples, Israel, Printed in Great Britian by Jarrold and Sons Ltd Norwich, 1967.

[4] Edited by Ellen Hirsch, Facts about Israel, Printed by Hamakor Press, 1995.

[5] William Frankel, The Story of Judaism, Schocken Books, New York, 1970.

（二）外文期刊论文

[1] Abramson,Y., Making, A Homeland, Constructing a Diaspora: The Case of Taglit-Birthright Israel, Political Geography, 58, (2017), pp.14-23.

[2] Acharya, A., Advancing Global IR: Challenges, Contentions, and Contributions, International Studies Review, 18(1), (2016), pp.4-15.

[3] Acharya, A., Global International Relations (IR) and Regional Worlds:

A New Agenda for International Studies, International Studies Quarterly, 58(4), (2014), pp.647-659.

[4]　Aguilar,F., Is the Filipino Diaspora a Diaspora? Critical Asian Studies, 47(3), (2015), pp.440-461.

[5]　Aktas, F., Pitts, K., Richards, J. C., & Silova, I., Institutionalizing Global Citizenship: A Critical Analysis of Higher Education Programs and Curricula, Journal of Studies in International Education, 21(1), (2017), pp.65-80.

[6]　Altbach, P., Globalisation and the University: Myths and Realities in an Unequal World, Tertiary Education & Management, 10(1), (2004), pp.3-25.

[7]　Altbach, P., & Knight, J. (2007). The Internationalization of HE: Motivations and Realities, Journal of Studies in International Education, 11(3‑4), pp.290-305.

[8]　Appadurai, A., Disjuncture and Difference in the Global Cultural Economy, Public Culture, 2(2), (1990), pp.1-24.

[9]　Arar, K., & Haj-Yehia, K., Emigration for HE: The Case of Palestinians Living in Israel Studying in Jordan, Higher Education Policy, 23(3), (2010), pp.358-380.

（三）中文专著

[1]　陈腾华：《为了一个民族的中兴——以色列教育概览》，上海：华东师范大学出版社，2005 年。

[2]　李芳洲：《以色列教育发展与现代化》，哈尔滨：黑龙江教育出版社，2014 年。

[3]　邱兴：《以色列教育》，北京：中国文史出版社，2004 年。

[4]　吴坚：《当代高等教育国际化发展》，北京：人民出版社，2009 年。

[5]　肖宪，张宝昆：《教育立足的民族和国家——犹太人和以色列》，昆明：云南大学出版社，2005 年。

[6]　张倩红：《以色列史》，北京：人民出版社，2008 年。

（四）中文期刊论文

[1] 范晓云，赵睿：《中国以色列大学生廉洁教育比较研究》，《东方企业文化·天下智慧》，2010年第2期，第192页。

[2] 郭子萌，李倩倩，高艳贺：《以色列理工学院创业教育生态系统及其对我国创业教育建设的启示》，《创新与创业教育》，2021年第5期，第128—131页。

[3] 李科，张正明：《以色列国防教育模式及其启示》，《国际资料信息》，2008年第12期，第10—12页。

[4] 王宇：《论以色列阿拉伯人的政治参与》，《阿拉伯世界研究》，2010年第2期，第42—48页。

[5] 肖洪：《以色列大学运行模式与教育特色研究》，《边疆经济与文化》，2010年第6期，第162—163页。

[6] 臧德清：《以色列高校学科门类层级化研究（1990—2002）》，《智富时代》，2019年第3期，第213页。

[7] 张泽一，周常兰：《以色列高等教育对我国的启示》，《中国高校科技》，2016年第9期，第64—66页。

（五）中文学位论文

[1] 宋陶立：《以色列高等教育研究》，河南大学，2011年6月。

（六）网络资源

[1] 巴伊兰大学网站：http://www1.biu.ac.il/index

[2] 本－古里安大学网站：http://web.bgu.ac.il/Eng/home/About/

[3] 海法大学网站：http://www.haifa.ac.il/html/html_eng/welcome.html

[4] 特拉维夫大学网站：http://www.tau.ac.il/tau-history-eng.html

[5] 希伯来大学网站：http://www.huji.ac.il/huji/eng/aboutHU_e.htm

[6] 以色列高等教育理事会：http://www.che.org.il/template/default_e.aspx?PageId=271

[7] 以色列理工学院网站：http://www1.technion.ac.il/en/about

[8] 以色列中央统计局：https://www.gov.il/en/departments/central_bureau_of_statistics/govil-landing-page

[9] 以色列驻华大使馆：http://beijing.mfa.gov.il/mfm/web/

附录 1

中以交往一枝春

2022 年 1 月 24 日是中国和以色列建立大使级外交关系的 30 周年纪念日。在过去的 30 年，中以关系已经发生了翻天覆地的变化，两国交往经历了前所未有的发展阶段。不仅如此，早在 2017 年，中以就正式为两国关系定位，确立了"创新全面伙伴关系"，以创新为抓手，推进两国关系稳步向前发展。沉浸在喜悦之中的我，思绪禁不住回到建交之前的 1988 年。

那年的 6 月 22 日，当美联航从芝加哥直飞以色列的航班在本 – 古里安机场降落时，我即刻意识到自己的一个梦想成真了。与此同时，自己也在不经意间创造了一项无人可以打破的中以交往史记录：成为中国与以色列正式建立大使级外交关系之前第一位应邀访问以色列并即将在希伯来大学公开发表学术演讲的中国学者。当时的激动心情至今难忘，尽管在那以后我又先后十余次造访以色列，每次访问都有不小的收获，但 1988 年的访问毕竟是我第一次踏上以色列国土，第一次来到中东地区，第一次走到了亚洲的最西端，第一次如此近距离贴近以色列社会。

为什么得以在彼时造访以色列？如何在中以没有任何正式外交关系的情况下获得访问以色列的签证？我眼中看到的以色列是一个什么样子？此行对我的学术生涯会造成什么样的影响？

　　坦率地讲，希望有机会访问以色列的想法与我此前两年在美国的经历有着密切的关联。

　　我第一次走出国门是 1986 年夏，那是我在南京大学工作的第 10 个年头。与彼时绝大多数出国人员不同的是，我去美国并不是留学，而是到美国的大学（芝加哥州立大学）执教。在机场，我受到芝加哥州立大学英文系主任弗兰德教授（Professor James Friend）的亲自迎接。在驱车进城的路上，他热情地告诉我他和他的夫人决定邀请我住到他的家中，希望我能够接受他们的这一邀请。这当然是一件喜出望外的事，尽管我在之前与他的通信中（当时由于尚未有互联网，人们之间的联系主要依靠书信。而一封信件的来回大约需要一个月到一个半月）提及希望他能够帮助我在学校附近租一个房子，因为芝加哥州立大学在决定聘用我的信中明确表示学校不提供住处，必须自行解决住房问题。

　　弗兰德教授是犹太人，1985 年秋，根据南大－芝州大友好学校交流协议曾来南大英文系任教。当时我是南大英文专业的副主任，除了行政方面的工作，还负责分管在英文专业任教外国专家的工作，因此与弗兰德教授有较为密切的接触，结下了深厚的友谊。实际上，我收到去芝州大教书的邀请就得益于他的推荐。他的夫人也是一位在大学教书的犹太人。他们的两个女儿当时已大学毕业离开了家，家中有空出的房间供我使用。能够住在他家中，显然为我这个初来乍到的人在美国生活开启了一个良好的开端，我没有丝毫犹豫就欣然接受。事实证明，由于是与一位熟悉的人生活在一起，我非常顺利地开始了在一个陌生国度的生活，没有经历绝大多数人都不可避免会在开始阶段感受到的文化冲击（culture shock）。我不用准备任何生活用品和油盐酱醋方面的物品，早晚餐和他们一起用，而且到学校教书，来回都搭弗兰德教授的便车（当然我当时尚不会驾车）。更为重要的是，生活在弗兰德的家中，不仅让我感受到家的温馨，认识和熟悉了他们的所有亲朋好友，而且与当地犹太社区有了广泛的接触。现在回忆起来，和他们生活在一起，简直就是以前所未有的方式"沉浸"在犹太式的生活之中，为我提供了一个了解犹太人和体验犹太式生活不可多得的绝佳机会。

在与犹太人交往的过程中，我对以色列这个世界上唯一的犹太国家开始有了新的认识：以色列不再只是依附于世界头号强国、不断引发周边冲突的暴力形象，而是一个为所有国民提供归属感的崭新国家。在那里，犹太民族成为主权民族，其传统不仅得到了很好的传承，而且不断发扬光大。我逐渐了解到古老的希伯来语早已在那里得到复活，成为以色列社会的日常用语，使用现代希伯来文进行文学创作的阿格农早在 1966 年便获得诺贝尔文学奖；基布兹作为以色列实行按需分配原则的农业形态一直生机勃勃，吸引了世界的目光。更重要的是，以色列被视为是世界上所有犹太人的共同家园。

新的认识使得我有了希望能够去看一看的想法。或许是那两年与众多犹太人有过频繁交往，或许是我在犹太社区做过一系列讲座的缘故，熟识的犹太朋友主动为实现我的这一愿望牵线搭桥——终于，在我决定回国履职之际，我收到以色列著名高等学府希伯来大学和以外交部的共同邀请，邀我对以色列进行学术访问。邀请方对我提出的唯一要求是希望我能够在希伯来大学做一场学术演讲，题目由本人决定。

根据安排，我有十天的访问时间。到达以色列时，我荣幸地受到以色列外交部的礼遇。中以建交后担任以色列驻华大使馆政治参赞的鲁思（Ruth）到机场接机，并陪同前往耶路撒冷的下榻饭店。具体负责我在以访问活动的是希伯来大学杜鲁门研究院院长希罗尼教授（Professor Ben-Ami Shillony）。次日上午，希罗尼教授如约来到饭店，与我见面。寒暄后，他递上了一份准备好的详细访问日程，并表示我有什么要求可以随时提出。

访问从驱车前往希伯来大学开始。在那里，我们除了参观了解希伯来大学，还重点参观了解了杜鲁门研究院，并参加了当日下午在杜鲁门研究院举行的研究院新翼图书馆落成揭幕式。由于新翼图书馆是美国人捐款建设起来的，美国驻以色列大使一行专程前来参加揭幕式。主宾的衣着令我印象深刻：以方的出席人员个个着西装领带，而美方人士则个个着休闲便装。而我事先了解到的以色列着装习俗应该是这样的：以色列人以随意著称，很少着西装打领带。可今天，出于对嘉宾的尊重，以方人员个个着西装打领带出席；而通常以正装出席揭幕式这类正式活动的美国人，为了表示对以色列人的尊重，特意着便装出席。彼此都为对方着想，表明两国不同寻常的亲密关系。

在接下来的参访中，几乎每一项活动都令我思绪万千，对我日后的学术研究产生重要影响。譬如，在参观了大屠杀纪念馆后，我在接受《耶路撒冷邮报》的采访时，说了这样的话：现在我终于明白犹太人为什么一定要复国。《耶路撒冷邮报》第二天报道了这一采访。对反犹主义的研究从此成为我学术研究的一个主攻方向。我不仅出版了《反犹主义解析》和《反犹主义：历史与现状》等专著，发表若干论文，而且在国内大力推动"纳粹屠犹教育"，并作为中国代表出席联合国教科文组织在巴黎召开的"纳粹屠犹教育"国际会议。

在参观了"大流散博物馆"后，我对犹太人长达1800年的流散生活有了更直观的了解，感叹犹太传统在保持犹太民族散而不亡一事上发挥的作用。而博物馆中陈列的"开封犹太会堂"模型和专门为我打印的开封犹太人情况介绍促使我在回国后专程去开封调研，并把犹太人在华散居作为自己的另一个研究方向，其成果是两部英文著作和数十篇相关论文。

穿行在耶路撒冷的老城，我体验到了什么是传统和神圣；行走在特拉维夫，我感受到以色列现代生活的美妙和多姿多彩；在北部加利利地区的考察，令我切切实实地感受到以色列历史的厚重；而在南部内盖夫地区的参观，让我真真切切体验到旷野的粗犷；在马萨达的凭吊，令我感受到什么是悲壮；而在海法的游览，则使我体验到什么是赏心悦目；在基布兹的访问，令我这个曾经在农村人民公社劳动和生活过的人感慨万千——犹太人在农业上的创新做法和务实态度令我不停地发出种种追问，我被基布兹的独特性深深吸引，好奇心使我提出再参观一个基布兹的要求，并得到了满足。

由于我在南京大学最初的10年主要是从事美国犹太文学的研究，在访问期间，我提出希望能够会见以色列文学方面人士的要求，于是我便拜访了以色列文化部，并结识了文化部下属以色列希伯来文学翻译学院负责人科亨女士（Nilli Cohen）。科亨女士是学院负责在全球推广希伯来文学翻译的协调人，我与她建立了工作关系，并一直保持通讯联系。此外，我们还有幸拜会和结识了特拉维夫大学希伯来文学资深教授戈夫林（Nurit Govrin），在向她请教若干关涉现代希伯来文学的问题后，还请她推荐了一些作家和作品。由此，本人对现代希伯来文学的兴趣大增，在随后不到 10 年的时间内，经本人介绍给国内出版界的以色列当代作家多达 50 余位。1994 年，我因译介现代希伯来文学再度受邀出访以色列。在出席以色列举办的"第一届现代希伯来文学翻译国际会议"之际，以色列作家协会为出席会议的中国学者专门举行了欢迎酒会，使我终于有了一个与绝大多数译介过的作家见面的机会。

我必须承认，在初次以色列之行中最触动我心灵的经历是与以色列一系列汉学家的见面交流。老实说，会见以色列汉学家并非出于本人要求，而是以色列接待方的精心安排，因为当时的我压根就不知道，也没有想到，以色列会有汉学家。以色列接待方根据我的身份——一个对犹太文化感兴趣的中国学者，认为安排我会见以色列的汉学家是一项有意义的活动。根据安排，我在特拉维夫大学会见了谢艾伦教授（Professor Aron Shai），他是一位史学家，专攻中国近现代史。我专门旁听了他的中国史课，并与学生进行了简单的交流。谢艾伦后来出任特拉维夫大学的教务长（相当于常务副校长）一职，不仅到南京大学访问过，还热情接待过由我陪同访问的南京大学校长代表团。我在特拉维夫大学会见的还有欧永福教授（Professor Yoav Ariel），他是研究中国古典文化的学者，将中国经典《道德经》译成希伯来文。在希伯来大学，我结识的汉学家有研究中国政治和外交的希侯教授（Professor Yitzhak Shichor），研究中国文化的伊爱莲教授（Professor Irene Eber）。此后我与伊爱莲教授多次在国际场合见面交流，友谊长存（伊爱莲教授于 2019 年与世长辞）。后来（1993 年），在拜会以色列前总理沙米尔时，沙米尔在了解到我当时正在学习希伯来语后，告诉我以色列政府在 50 年代初就安排了一位名叫苏赋特（Zev Sufott）的以色列青年学习中文。尽管在随后的 30 年他一直学非所用，但是当 1992 年中以终于建交后，苏赋特出任以色列第一位驻华特命全权大使。

这一系列的会见使我惊叹不已。以色列这么一个小国（当时的人口尚不足 500 万），竟然有多位专门研究中国历史、文学、社会、政治、外交等方面的专家教授，其中有的还享有国际声誉。而就我所知，当时偌大的中国（人口是以色列的近 240 倍），却鲜有专事研究犹太文化者，中国高校亦无人从事犹太文学的教学！这一反差对我的冲击实在是太大了。作为一个在美国有两年时间"沉浸"在犹太文化中的人，出于一种使命感，我在以色列就发誓回去后一定投入对包括以色列在内的犹太文化研究。

回国后，我义无反顾投身于犹太学研究，确立了自己新的研究方向、开启一个全新治学领域，同时在南京大学创办了犹太和以色列研究所，组织编撰了中文版《犹太百科全书》，率先向国内学界介绍引入现代希伯来文学，建起了一座英文书籍超过三万册的犹太文化图书特藏馆，召开了包括"纳粹屠犹和南京大屠杀国际研讨会"与"犹太人在华散居国际研讨会"在内的大型国际会议，培养了 30 多名以犹太学为研究方向的硕士生和博士生……进而勾勒出了中国犹太 / 以色列研究的概貌。

回望过往，发生的一切显然过于神奇，只能用"奇迹"来描述。

而这一切源于 1988 年以色列的处女之旅。从此，以色列对于我而言，是一个令奇迹发生的国度。

徐新
2022 年岁首

南京大学黛安 / 杰尔福特·格来泽犹太和以色列研究所简介

　　1992 年，借中国和以色列国正式建立大使级外交关系之东风，南京大学批准成立一专事犹太文化研究兼顾教学的学术研究机构——南京大学犹太文化研究所。不过，在这之前，南京大学就已经开始对犹太文化进行研究，主要由南京大学学者牵头的学术团体"中国犹太文化研究会"（China Judaic Studies Association）于 1989 年 4 月宣告成立，并卓有成效地开展工作。随着犹太文化研究的深入，搭建一个平台（即建立研究所）显得十分重要，而这样的研究机构的出现在中国高等教育系统尚属首次。研究所正式成立的时间为 1992 年 5 月，最初名为"南京大学犹太文化研究中心"，2001 年更名为"南京大学犹太文化研究所"。2006 年，为感谢有关基金会和个人的支持，特别是设在美国洛杉矶的黛安 / 杰尔福特·格来泽基金会的慷慨支持，研究所于是改名为"黛安 / 杰尔福特·格来泽犹太和以色列研究所"，该名称沿用至今。

　　研究所建立之初确立的宗旨是：更好地增进中犹双方的友谊，满足中国学术界日益增长的对犹太民族和文化了解的需求，推动犹太文化的研究和教学在国内特别是在高校系统的进一步开展，培养这一学术领域的专门人才，以此服务于中国当时方兴未艾的改革开放事业，推动中国与世界的进一步融合。"不了解犹太，就不了解世界"是研究所当时提出的口号，该口号简洁明了地表明这一研究机构成立的动因。

研究所在其 30 年的历史中成绩斐然，包括：

● 组织撰写并出版首部中文版《犹太百科全书》（上海人民出版社，1993 年），该书成为中国最具权威和广泛使用的一本关涉犹太文化的大型工具书（200 余万字，1995 年获"全国最佳工具书奖"）；撰写并出版包括《犹太文化史》（北京大学出版社，2006 年）、《反犹主义：历史与现状》（人民出版社，2015 年）在内的著作 10 余部；组织翻译并出版犹太文化方面的著作 20 余种；编辑出版"南京大学犹太文化研究所文丛"一套；同时发表各类论文超过 100 篇。

● 在南京大学逐步开设一系列犹太文化方面的课程，不仅有专门为本科生开设的课程，更多的是为研究生开设的课程。

● 招收和指导犹太历史、文化和犹太教研究方向的硕士研究生和博士研究生。已有 30 多名研究生在研究所学习，从本研究所获得博士学位的研究生超过 15 人，大多数学生毕业后在中国各大学执教，讲授犹太历史文化方面的课程。

● 组织举办大型国际学术研讨会，促进中外学者之间的交流和研讨，包括 1996 年在南京大学召开的"第一届犹太文化国际研讨会"、2002 年召开的"犹太人在华散居国际会议"、2004 年召开的"犹太教与社会国际研讨会"、2005 年召开的"纳粹屠犹和南京大屠杀国际研讨会"，以及 2011 年召开的"一神思想及后现代思潮研究国际研讨会"。

● 举办犹太历史文化暑期培训班 3 期，聘请国际犹太学学者授课，受训的中国各高校和研究机构的教师、研究人员和研究生达 100 人，有力促进了犹太文化教学和研究在国内高校的开展。

● 开展国际合作，先后举办各种类型的犹太文化展近 10 次，内容涉及犹太历史、犹太文化、以色列社会、美国犹太社团、犹太学研究、纳粹屠犹、犹太名人等，促进了中国社会对犹太历史文化的了解，增进了中犹人民间的友谊。

● 邀请超过 50 位国际著名犹太学者来华、来校进行交流、讲学，演讲场次超 100 场。

● 大力开展对犹太人在华散居史的专门研究，特别是对中国开封犹太人的研究。已发表专著 2 部（英文、美国出版）、论文数十篇，在国际学术界能够代表中国学者在这一研究领域的水平。

● 建立起中国迄今为止规模最大的犹太文化专门图书馆，仅英文藏书就已超过 3 万册，涉及犹太文化研究的方方面面。

● 与若干国际学术机构建立联系或互访，包括美国哈佛大学犹太研究中心、耶希瓦大学、希伯来联合学院、宾夕法尼亚大学、加州大学、布朗大学、以色列希伯来大学、特拉维夫大学、巴尔伊兰大学、本－古里安大学、英国伦敦犹太文化教育中心等。

● 积极筹措资金，为犹太文化研究和教学的开展提供经费支持。除了众多个人捐助，还有许多给予研究所各种研究和教学资助的国际基金会，包括：黛安/杰尔福特·格来泽基金会、斯格堡基金会、罗斯柴尔德家庭基金会、布劳夫曼基金会、列陶基金会、犹太文化纪念基金会、博曼基金会、卡明斯基金会、散居领袖基金会等。10 余年运作下来，本研究所的规模不断扩大，收益稳定，每年的收益已经能够确保每年发放奖学金数十份、奖励犹太文化研究领域的师生多名，并为各类学术活动提供经费支持。

需要特别指出的是，积极参加国际学术活动和开展国际学术交流会是南京大学犹太文化研究所学术活动的重要特点。在将国际犹太学者"请进来"的同时，研究所的教师也已大步地"走出去"。研究所的研究人员多次外出访问，特别是美国、以色列、德国、英国、加拿大等国，或在国际会议中宣读论文、交流学术，或担任客座教授讲学授课。据不完全统计，本所研究人员在若干国家发表过的学术演讲已达 700 余场次。此外，研究所每年都会选派研究生前往以色列有关大学进修或从事专题研究。通过这类学术活动，研究所与世界范围内的犹太学术界、犹太人机构及犹太社区建立了广泛而密切的联系，在扩大影响的同时，又推动了研究所各项工作的开展。

南京大学犹太文化研究所因其在犹太和以色列研究领域中取得的成就，已成为中国高校中最早对犹太文化进行系统研究并取得丰硕成果，同时又具有较高国际知名度的一所文科研究机构。

以色列留学指南

　　首先需要在留学以色列的服务机构里面找到最适合你的学术项目，选择一个项目后，在学校网站上查找入学要求。一般来说，想要申请一个项目，你需要提供至少以下一些文件（请注意，不同的机构和项目的入学要求有所不同）：

- · 过往学习的文凭和成绩单
- · 英语水平证明（如托福或雅思成绩）
- · 学术推荐信
- · 个人简历
- · 申请动机函
- · GRE 或 GMAT 成绩
- · 健康体检报告

　　一旦被录取，你将收到一封正式的录取信，便可以继续准备第三步——签证。

　　在以色列学习，你需要 A/2 学生签证。签证的申请要在以色列驻外使领馆办理。学生签证有效期最长为一年，可在一年内多次进出以色列。留学以色列的人员的配偶和子女也可以获得签证。

　　申请签证需要提供以下文件：

- · 已填妥并签名的以色列入境签证申请表

·本人护照照片两张（5 厘米 ×5 厘米）

·以色列一所公认的高等教育机构的正式录取通知书

·银行存款证明（证明该学生有经济能力支付其在以色列期间学习和生活的费用）

·一种旅行证件（如护照），有效期至少为一年，前提是原籍国在以色列有外交使团。如果在以色列没有这种特派团，护照必须在整个学习期间及学习结束后六个月内有效。

关于留学生的管理机构，可以在中国驻以色列国大使馆的教育处办理留学有关事宜。

教育处的联系信息如下：

电话：+972-3-6024597

传真：+972-3-6024597

地址：219 Ben Yehuda St., P.O.B.6067, Tel Aviv 6350216, Israel

电子信箱：israel@xgz.org.cn